KB203171

종교에서 영성으로

탈종교 시대의 열린 종교 이야기

탈종교 시대의 열린 종교 이야기

종교에서 영성으로

길희성 지음

동연

얼마 전 나의 마지막 저서라고 할 수 있는 책『영적 휴머니즘』출판에 대해 상의하면서 도서출판 동연 김영호 사장님으로부터 의외의 제안을 받았다. 나의 저술 전부를 한데 묶어 전집을 발간하면 어떻겠냐는 것이었다. 뜻밖의 제안이었기에 잠시 머뭇거리다가 한번 생각해 보겠다고 얼떨결에 답했다. 나중에 곰곰이 생각해 보니 몇 가지가 마음에 걸렸다. 우선, 스스로 생각하기에 나의 학문 업적이 전집을 낼 만한 정도가 아니라는 생각이었다. 단순히 겸양의 말이 아니라, 솔직한 심정이다. 또, 나의 저술이 아직 전집을 낼 정도로 충분하지 않다는 생각 때문이었다.

그럼에도 내가 그 제안을 물리칠 수 없는 몇 가지 이유가 있다. 첫째는 '사장님이 나를 끔찍이 생각해주시는구나, 적어도 내가 스스로 생각하는 것보다 훨씬 더 높이 평가하고 있구나' 하는 생각이 들었다. 한편으로는 고마운 마음이 들었고, 여하튼 한번 신중히 검토해 볼 필요는 있다고 생각했다. 둘째는 요즘 우리나라 출판계가 심한 불황이라는데, 잘 알지도 못하고 그리 크지도 않은 출판사, 무엇보다 일면식도 없는 사장님이 그런 대담한 제안을 하니 놀라고 감동했다. 그러면서 우선 출판사에 대해 좀 더 알아본 후에 결정해야겠다고 생각했다.

알아본 결과 꽤 좋은 서적들을 많이 출판한 좋은 출판사라는 생각이 들었다. 특히, 나의 학문적 관심 분야인 종교학과 그리스도교 신학

분야에서 좋은 책을 많이 출판한 사실을 알고 일단 호감이 갔고 마음도 놓였다. 마침, 내가 책임을 지고 있는 강화도 '심도학사-공부와 명상의 집'에서 요즘 코로나 사태로 정규 프로그램은 거의 하지 못하고 눈치만 보고 있다가, 다행히 주변의 몇 사람 정도를 초대해서 '종교 10강'이라는 제목의 강연을 녹화했는데 그때 동연출판사 사장님이 멀리 강화도까지 찾아오셔서 강연을 들었기 때문에 첫 대면이었지만, 좋은 인상을 받았다.

일단 종교10강의 원고를 동연이 출판하고 싶다는 제안에 동의했고, 2021년 1월에 종교와 영성 연구 1권으로 출간하였다. 결과도 만족스러웠다. 이것이 계기가 되어 동연에 대한 신뢰가 쌓여 두 번째 책으로 『종교에서 영성으로 ─ 탈종교 시대의 열린 종교 이야기』를 내놓게 되었다. 그간의 저서를 살펴보니 단행본을 비롯해 번역서, 영문 논문이나 강연문, 불교학 논문 등을 모두 합하면 족히 20권은 될 것 같다. 남은 생이 얼마나 될지 모르지만, 정독하면서 바로잡을 것은 바로잡을 좋은 기회라는 생각이 들었다. 여하튼 나의 50여 년의 학문 생활을 그런 작업을 하면서 마무리하는 일도 나쁘지 않겠다는 생각도 들었다.

보잘것없는 역량에도 불구하고 정성을 바쳐 쓴 글이 후학들에게 도움이 되면 다행일 것이라는 생각에, 쉽게 접할 수 있도록 모든 저술을 한 곳에 모아놓게 되니 무거운 짐을 내려놓은 것 같아 홀가분하다.

심도학사에서
길희성

한 나라 민주주의의 수준은 그 나라 국민의 의식 수준을 넘지 못한 다는 말이 있다. 나는 이 말에 추가해서 한 나라 국민의 의식 수준은 그 나라 사람들이 가지고 있는 종교이해의 수준을 넘지 못한다고 말 하고 싶다. 요즘 우리나라 종교계, 특히 기독교계와 불교계에서 일어 나고 있는 한심한 작태를 보고 있노라면, 일반인들의 상식과 도덕적 수준에도 한참 못 미치는 데도 종교 '지도자'를 자처하는 사람들이 있 다. 그러나 그들이 보이는 행태를 탓하기 전에, 21세기 대명천지에 도 대체 왜 수많은 사람이 그런 작태를 두 눈으로 뻔히 보면서도 종교를 떠나지 못하는지 도저히 이해가 되지 않는다. 새삼 종교라는 것이 한 번 중독되면 정말 헤어나기 어려운 '무서운' 것, '지독한' 것이구나 하 는 생각도 든다. 아직 무슨 미련이 더 남았다고 그런 종교, 그런 교단, 그런 집단을 떠나지 못하고 주변에서 서성거리고 있을까?

다른 한편으로는 지금도 기억에 생생한, 전국을 촛불로 덮었던 우 리 국민의 높은 정치의식과 사회의식을 감안하면, 우리의 희망은 더 이상 종교가 아니라, 평범하지만 위대한 우리 국민의 민주주의를 향 한 열정과 애국심에서 찾아야 하지 않을까 하는 생각이 든다. 전국을 휩쓴 촛불집회—어떤 사람의 표현을 빌리면 '촛불혁명'—의 열기를 보 면서 시민들의 자발적 참여로 이루어진 수준 높은 대중집회는 인류 역사상 전무후무하다 해도 결코 과장이 아닐 것 같다.

하지만 동시에 자조의 한숨이 절로 나오고, 풀리지 않는 의문의 소리도 들린다. 이렇게 훌륭한 국민을 가진 나라가 왜 정치는 늘 이 모양이 꼴이며, 종교계는 어쩌다 이렇게 저질의 늪에 빠져 허우적거리고 있을까 하는 탄식의 소리다.

내가 불교나 기독교에서 밥을 먹고 사는 종교지도자가 아니라는 이유로 나 자신을 달래고 변명할 생각은 추호도 없다. 나는 한 명의 평신도일 뿐이지만, 평생 대학에서 종교학을 가르치며 살아왔고 종교 모임들에서 강연도 제법 많이 했다. 그래서 남을 비판하고 한탄만 하기에는 양심이 허락하지 않는다. 우리나라 민주화의 횃불에 불을 댕긴 고 함석헌 선생이 남긴 명언 '생각하는 백성이라야 산다'라는 말이 새삼 생각난다. 나는 이 말을 살짝 바꾸어 '생각하는 신자들이라야 한국 종교계가 산다'라고 외치고 싶다. 이 책은 그런 '생각하는 신자'들을 위한 책, 그런 신자들이 다수가 되기를 바라는 희망을 품고 쓴 책이다.

지난 10~20년에 걸쳐 이런저런 모임에서 한 강연문과 한겨레신문 '휴심정'에 기고했던 글들을 모아 출판했던 책을 보완하고 제목을 바꾸어 개정판을 내게 되었다. 이 기회를 이용해서 내가 썼던 글들을 다시 한번 꼼꼼하게 읽어보았다. 이 책의 본래 제목은 『길은 달라도 같은 산을 오른다』였다. 이 말은 우리 사회, 아니 현대세계 전반이 직면한 가장 중요한 정신적 변화인 종교 다원화 현상과 이러한 변화에 적극적인 자세로 대응해야 한다고 주장하는 '종교다원주의'를 비유적으로 표현한 말이다. 하지만, 내용상 도대체 종교란 무엇인가라는 본질적 물음을 둘러싼 글이 주종을 이루고 있어서 본래 제목보다는 『종교에서 영성으로 ― 탈종교 시대의 열린 종교 이야기』가 오늘의 시점에서 더 시의적절하고 절실한 울림이 있다는 생각에 절판된 책을 수정, 보완해서 새 이름으로 개정판을 내게 되었다. 오자와 탈자, 시간의 경과가 무효화시킨 글의 일부 내용이나 표현을 바로잡았고, 그간 썼던 글 가운데 관련 있는 부분들을 추가로 반영했다.

현대는 탈종교 시대다. 탈종교 시대의 종교가 아직 살길이 남아있다면 그것은 종교에서 영성으로의 과감한 전환이다. 영성은 종교의 핵이다. 현대인들은 더 이상 종교에 관심이 없고 종교 없이도 얼마든지 살 수 있다고 생각하지만, 영성은 누구도 외면하지 못한다. 인간은 본질적으로 영적 존재이기 때문이며, 인간이 인간인 한 누구도 자신의 참 자아를 찾지 않을 수 없기 때문이다. 이 책에 실린 글들은 모두 어떤 것이 영적 인간의 모습이며, 어떻게 하는 것이 우리의 본래 모습을 되찾는 길인가에 관한 것이다.

현대는 탈종교 시대일 뿐 아니라, 이러한 탈종교 시대를 초래한 근대 세속적 휴머니즘secular humanism도 힘을 잃으면서 탈근대주의post-modernism와 밀접하게 연계된 새로운 형태의 반 휴머니즘적 사상이 마구 유행하는 시대가 되었다. 우리가 여전히 전통과 고전, 종교와 영성을 새롭게 찾지 않으면 안 되는 이유도 여기에 있다.

탈종교 시대의 종교는 종교의 영원한 핵인 순수한 영성을 재발견해야 한다. 현대인들은 근대 세속적 휴머니즘이 인간을 억압해온 종교의 굴레에서 인간을 해방해준 위대한 공헌에도 불구하고, 이제는 점점 공허한 구호로 전락해가고 있는 현실 속에 살고 있다. 따라서 우리에게 절실하게 요구되는 것은 세속적 휴머니즘을 창조적으로 극복할 수 있는 대안이다. 이 극복은 탈종교 시대가 만들어낸 거대한 정신적 공간을 파고들면서 생물학적 인간관과 무책임한 탈근대 담론을 마치 인간의 진정한 해방인양 떠드는 사상에 있지 않다. 또 어느새 세계 곳곳에서 무시하지 못할 세력으로 성장하고 있는 각종 극우 세력과 새로운 권위주의로의 회귀에 있는 것은 더욱 아니다.

진정한 대안은 인류가 오랫동안 가꾸어 온 고전적인 영적 전통에서 청량한 영성의 물을 긷는 지혜에 있다. 이 책의 제목 『종교에서 영성으로: 탈종교 시대의 열린 종교이야기』는 이러한 내 생각을 반영하고 있다. 지구촌 세계를 살고 있는 현대인들은 문명의 위기를 극복하기 위해서 이제 영적 휴머니즘spiritual humanism의 가치에 새롭게 눈을 뜰 필요가 있다. 이 책에 실린 글들이 탈종교 시대에서 새로운 인생의 가치와 목표를 찾는 사람들에게 오래지만 늘 새로운 영적 휴머니즘의 비전을 더 깊이 이해하고 더 넓게 공유하는 데 조그마한 도움이라도 되기를 바라는 마음이다.

　나는 대화와 토론을 좋아하고 남을 설득하는 일에도 열성적인 성격의 소유자이지만, 그렇다고 다른 사람들의 이야기를 무시하거나 내 생각만 옳다고 우겨댈 정도로 어리석은 사람은 아니다. 바삐 돌아가는 삶의 수레바퀴 속에서도 자기 성찰의 여유를 잃지 않고 심도학사를 찾아준 도반들과의 대화는 늘 내 생각의 지평을 넓혀주고 다듬는 데 없어서는 안 될 자극제였다. 이 기회를 빌려 그분들에게 깊은 감사의 마음을 전하고 싶다.

2018년 초가을
강화도 심도학사에서
저자 씀

영성으로의 초대

一 부

왜 사느냐 묻거든 … 17

기복신앙을 넘어 … 39

신의 암호 해독하기 … 59

마음의 평화, 세상의 정의 … 79

1부

영성으로의 초대

왜 사느냐 묻거든

• • •

인간은 의미를 먹고 사는 존재다. 그래서 누구나 의미 있는 삶을 살기 원한다. 고통스러운 삶은 참을 수 있지만 무의미한 삶은 참지 못하는 존재가 인간이다. 인간이 삶의 의미를 묻는 것은 생각하는 존재로서 자기 삶을 의식하며 성찰할 수 있기 때문이다. 요즘 젊은이들이 자주 사용하는 말 가운데 '개념 있는 사람', '개념 없는 인간'이라는 표현이 있다. 개념이라는 단어가 다소 부적절하게 쓰이기는 했지만, 여하튼 '생각 있는 사람'이라는 뜻인 것 같다.

인간은 삶의 의미에 대해 성찰할 수 있는 존재이고 인문학은 이러한 성찰에 도움이 되는 학문이다. 생각하는 삶, 자기 삶을 상대로 반성적 숙고를 하는 삶은 주체적인 삶에 도움이 되지만 자기 성찰이 없는 삶은 남을 따라 사는 삶, 사회가 요구하는 대로 사는 삶이 되기 쉽다.

내가 나의 삶을 주체적으로 살지 못하면 결국 남이 나를 대신해서 사는 꼴이 되고 만다. 그래서 프랑스 문인 폴 발레리P. Vallery는 "그대가 용기 내어 생각하는 대로 살지 않으면, 머지않아 그대는 사는 대로 생각하게 되리라"라고 말했다. 생각대로만 살 수 없고 좀처럼 생각대로 잘 안 되는 것이 우리네 인생이지만, 그나마 생각 없이 살면 정말 꼭두각시 삶을 면할 수 없게 된다.

인간은 자기분열적 존재

인간은 자신의 존재를 의식하는 자의식을 가진 존재다. 인간은 자기 존재에 완전히 밀착되어 사는 즉물적即物的이고 즉자적即自的인 존재가 아니라 자신을 의식하고 대상화할 수 있는 대자적對自的 존재다. 이것은 인간이 몸과 마음, 육체와 영혼, 존재와 의식이라는 이중적 구조로 되어있기 때문이다. 바로 이 점이 인간의 위대성이자 취약점이기도 하다.

인간은 자기 존재를 의식할 수 있으므로 존재와 의식이 괴리될 수 있는 '이중적'이고 '자기 분열적'인 존재다. 따라서 인간은 동물과 달리 자신의 존재를 완벽하게 '소유'하지 못한다. 인간의 행동은 본능에 따라 행동하는 동물들과 달리 우물쭈물하고 불확실하기도 하며, 자기 삶에 대해 고민하고 방황하기도 한다. 하지만 인간만이 할 수 있는 바로 이 고민과 방황으로 인해 인간은 삶의 방향과 의미에 대해 성찰할 수 있다. 종교와 철학, 문학 그리고 과학과 기술도 모두 고도의 지성을 가지고 언어를 사용하는 의식적 존재인 인간만이 할 수 있는 행위다. 동물에게도 어느 정도 지성과 의식이라는 게 있지만, 자의식은 없는 것 같다.

인간의 존엄성은 인간이 자기 존재를 의식함으로써 어느 정도 자신을 벗어나 거리를 둘 수 있고 초월할 수 있는 자유로운 존재, 주체적 존재라는 데 근거하고 있다. 누구도 동료 인간을 단지 대상물로 간주해서는 안 되고 수단으로 이용해서도 안 되는 이유가 바로 이 때문이다.

인간존재의 구조적 취약성을 강조하는 현대 사상가 에리히 프롬 E. Fromm은 바로 이런 인간존재의 특성에서 종교의 유래와 기능을 찾는다. 인간에게는 존재와 의식의 분열을 재통합하려는 강한 욕구가 있다는 것이다. 종교는 이렇게 자기분열을 안고 사는 불안정한 존재인 인간에게 '정향의 틀frame of orientation', 즉 우리가 따라 살아야 할 삶의 방식을 제공하고 우리가 몸과 마음을 바쳐 사랑하고 추구할 어떤 궁극적 '헌신의 대상an object of devotion'을 제시함으로써 재통합의 기능을 수행한다는 것이다. 이 말은 특정 종교와 관계없이 종교 일반의 기능을 탁월하게 설명한 이론으로 보인다.

이와 같이 이해하면 종교란 인간존재의 특성 자체에 뿌리박고 있으므로 선택의 문제가 아니다. 사람은 불교나 그리스도교[1] 같이 오랜

---

1 '가톨릭교회'라고 특별히 밝히지 않는 한, '그리스도교'라는 말은 가톨릭과 개신교, 동방 정교회까지 아우르는 포괄적 단어로 사용한다.

전통을 가진 종교가 아니라면 신종교라도, 체계를 잘 갖춘 제도적 종교가 아니라면 사적인 종교라도 가지고 살기 마련이다. 사실 인간은 명시적이든 암묵적이든 누구나 어떤 궁극적 '헌신의 대상'을 찾는다. 자기 삶에 의미와 목적을 제공할 궁극적 가치, 지고선至高善 같은 것이다. 그것이 신이든 사랑이든, 사회정의든 혹은 한 국가나 정당이나 사회단체든, 또는 돈, 명예, 쾌락, 스포츠, 심지어 도박 같은 것이든, 우리의 궁극적 관심과 헌신의 대상이 되는 것은 모두 '종교적' 의미를 지니게 된다.

생각하는 주체로 살기

"인간은 생각하는 갈대다"라는 말을 남겨 유명한 파스칼B. Pascal은 "인간은 연약하기 그지없는 존재이지만 온 우주보다 위대하다"라고 했다. "우주는 나를 생각하지(의식하지) 못하지만 나는 우주를 생각할 수 있기 때문"이라는 것이다. 다른 말로 하면 인간은 주체적 존재이고 우주는 제아무리 거대하다 해도 객체일 뿐이라는 것이다. 근대철학의 아버지 데카르트는 "나는 생각한다, 고로 존재한다"라는 유명한 말 한마디로 근대적 주체성을 일깨우는 신호탄을 쏘아 올렸고 근대의 사상적 초석을 놓았다 해도 과언이 아니다.

인문학적 관심은 개인의 발견, 의식하는 주체의 자각에서 시작된다. 자신의 존재를 의식하고 자신으로부터 이탈할 수 있으며, 사회라는 관계망 속에 얽혀 사는 사회적 존재이지만, 거기서 이탈할 수도 있는 자유로운 존재가 인간이다. 엄청난 외부적 힘과 압력이 나를 에워싸고, 어마어마한 공권력이 모진 고문을 가한다 해도 절대로 포기하거나 양도할 수 없는 것이 개인의 주체성과 내면성이다.

분명한 사실은 우리가 생각하는 주체로 살지 않으면 누군가가 만들어 놓은 의미의 틀 속에 갇혀 살게 된다는 것이다. 누가 내 삶을 규정하고 있는지, 내가 누구의 지배를 받고 있는지도 모르고 꼭두각시 삶을 살게 된다. 인문학과 더불어 사회과학이 중요한 이유이다. 당하지 않고 살려면 자기가 몸담은 사회와 세계가 어떻게 작동하고 있는지를 투명하게 알아야 한다. 깨어있는 의식, 깨어있는 양심이 지키는 사회가 투명한 사회이고, 그래야 개인도 나라도 제대로 된다. "생각하는 백성이어야 산다"라는 함석헌 선생의 외침은 50년 전과 마찬가지로 지금도 우리가 귀담아들어야 할 명언이다.

'주경야독'이라는 아름다운 말이 있지만, 요즈음 우리 사회는 야독무용론에 빠졌다 해도 과언이 아니다. 선진국 대열에 합류했다고 하지만 한국 사람들처럼 책을 안 읽는 국민도 없다고 한다. 우리나라 직장인들은 일을 너무 많이 한다. 낮 동안 정신없이 일하다가 저녁이 되면 이런저런 핑계로 술자리에서 시간을 보내고 녹초가 되어 집으로 돌아오니 '생각'이라는 것을 할 여유가 없다. 배우자나 자식과 제대로 말 한번 섞어 보지 못하고 잠자리에 들기 일쑤다. 오늘 내가 무엇 때문에 그렇게 바삐 돌아다녔는지 물을 여유가 없으니 의미 있는 삶을 위한 자기성찰은 사치가 된다.

우리 사회는 일반적으로 반지성적 분위기가 팽배해 있다. 묻기 좋아하고 따지기 좋아하는 사람은 까다롭고 까칠한 사람으로 왕따 당하기 일쑤며, 문제가 있어도 왜 그런지 이유를 묻기가 거북한 사회다. '그렇다고' 하면 그런 줄 알고 묻지 말아야 사회에 잘 적응하고 출세할 수 있다. 이런 사회가 권위주의, 획일주의, 순응주의 사회가 되지 않는다면 오히려 이상할 것이다.

의미의 위기가 고개를 들 때

의미 있는 삶이란 어떤 삶인가? 우선 "의미가 있다"라는 말이 무슨 뜻인지 잠시 '의미의 의미'에 대해 생각해 보자. 어떤 행동이 의미가 있다는 말은 우선 이유가 있다는 말이고, 이유가 있다는 말은 어떤 목적이 있다는 뜻일 것이다. 우리는 어떤 사람이 자기 행동의 목적과 이유를 말할 때, 찬동하지는 않는다 해도 적어도 그가 왜 그런 행동을 하는지 그 이유는 이해할 수 있다. 그러면 적어도 '의미 있는' 행동이 된다. 가령 어떤 사람이 절대로 용납할 수 없는 폭력을 행사한다 해도, 왜 그러는지 나름대로 이유가 있다면 그것은 적어도 '의미' 있는 폭력이다. 반면에 아무 이유 없는 폭력, 그야말로 폭력을 위한 폭력을 우리는 맹목적인 폭력, 의미 없는 폭력으로 간주한다.

사람은 누구나 자기가 속한 사회의 일상적 '의미의 틀' 속에서 다른 사람이나 자기가 하는 행위의 의미를 이해하면서 산다. 이 사회적 의미의 틀은 너무나 일상적이고 상식적이어서 우리가 거의 의식하지 못할 정도로 당연시된다. 굳이 '왜냐고' 물을 필요조차 없다. 그렇지만 때로는 당연시되던 의미의 체계가 잘 작동하지 않는 경험을 하게 된다. 이른바 '의미의 위기'에 봉착하는 순간이다. 가령 직장인들은 매일 아침 거의 습관적으로 출근한다. 자동차를 몰고 출근하다가 유난히 교통이 막혀 짜증이 나면 의문이 생긴다. '내가 매일 이 짓을 반복해야만 하나, 이 직장을 꼭 다녀야만 하나, 정말 하고 싶은 일을 하고 살면 안 되나.' 이런 의문이 생기면서 의미의 위기가 서서히 고개를 들기 시작한다.

직장생활에서 흔히 경험하는 의미의 위기는 그때뿐이다. 보통은 곧 잊어버리거나 무시해버리고 하던 일을 계속한다. 사람에 따라 '골치 아프다', '생각해 보았자 소용없다', '시간 낭비일 뿐이다'라며 아예 무시하거나 애써 외면하기도 한다. 다른 사람이 그러면 '저 친구 또 병이 도졌구먼' 하면서 자기와는 무관한 일인 양 비아냥거리기도 한다.

의미의 위기는 실직이나 이혼, 갑작스러운 건강의 상실, 혹은 사랑하는 사람과의 사별 같은 문제가 발생하는 경우 더욱 심각해지면서 여태까지의 삶을 뒤흔들어놓는다. 의미의 위기가 깊어질수록 지금까지 작동하던 의미의 체계로는 좀처럼 대처하기 어려워지고, 급기야는 중대한 결단을 해야 하는 순간에 봉착하기도 한다. 그러면서 삶의 궁극적 목적과 의미를 진지하게 묻기 시작한다. '나는 정말 행복한가? 불행해도 가족을 위해 참아야 하나? 인생의 행복은 과연 어디에 있으며 어떤 삶이 정말로 좋은 삶good life인가?'

이처럼 평소에는 외면하거나 묻어두었던 질문들이 쏟아져 나온다. 이런 회의가 생활에 지장을 줄 정도로 너무 자주 생기면 곤란하겠지만, 가끔 고개를 드는 것은 정상적이고 건강한 일이다. 사실 그런 회의가 전혀 없는 사람은 인간으로서 문제 있는 사람일지도 모른다. 자의식, 자기 성찰이 전혀 없는 사람이고 철저히 '사회화된' 사람이다. 자기 역할에 지나칠 정도로 충실해서 쓸데없는 말이라고는 입 밖에 내지도 않고 농담도 할 줄 모르는 사람, 기계처럼 묵묵히 일만 하는 사람, 매사에 정확하고 빈틈없이 성실한 사회의 '모범생' 같은 사람은 사람들의 칭찬은 받을지 몰라도 인간적 매력이나 재미는 없는 사람이다. 좀 심하게 표현하면, 인간으로서 '소외된' 사람일지도 모른다. 하지만 누가 알겠는가, 사실은 남모르는 고민과 갈등을 억누르면서 살고 있을지….

우리는 모두 연극배우

영어로 인격(인격체)을 뜻하는 'person'이라는 단어가 있다. 라틴어 'persona'에서 온 말인데, 본래 로마 시대에 연극 하는 사람들이 쓰는 '탈'을 뜻했다. 우리는 모두 가면을 쓰고 연극 하는 사람들임을 시사해 주는 말이다.

오래전에 입적하셨지만, 통도사에 경봉 스님이라는 큰스님이 계셨다. 그분의 설법 가운데 지금도 잊히지 않는 말씀이 있다. "사내대장부로 태어났으니 연극 한번 멋지게 하고 가라." 스님은 분명 인생이 연극임을 잘 알고 사신 분이었을 것이고, 탈의 배후에는 우리의 참나, 곧 벌거벗은 맨 사람 무위진인無位眞人이 있다는 것도 잘 아시는 분이셨을 것이다. 문제는 많은 사람이 인생이 연극임을 모른 채 너무나 빡빡하게 살고 있다는 사실이다. '현실'에 밀착된 현실주의자로서 너무나 치열하고 심각하게 산다. 사회에 함몰된 채 사회가 요구하는 역할을 성실히 수행하며 사는 사회적 자아를 자신의 전부 혹은 진짜 자기로 여기면서 산다.

나도 대학교수 생활한 지 20년쯤 지나서 싫증이 나기 시작했고 회의가 들어 다른 삶을 갈망하게 되었다. 언제부터인가 '다 때려치워야지!' 하는 생각이 들기 시작하더니 결국은 조기 은퇴를 선택하게 되었다. 남들은 '팔자 좋은 짓'이라고, '아직 고생을 덜 해봐서 그런다'라며 비아냥거릴지도 모른다. 혹은 "평생 종교와 철학이라는 것을 붙들고 산 사람이 그런 선택을 하면 다른 사람, 다른 직업에 종사하는 사람은 어떻겠냐"라는 비난과 충고를 동시에 할 친구도 있을 것 같다. 하지만 남들은 모르는 게 자기만의 인생이다. 심지어 매일 잠자리를 같이하는 아내도 완전히 이해하기 어려운 것이 인간 내면의 세계다.

사실 나는 대학에 진학할 때 꼭 학문을 해야겠다라는 생각은 한 적이 없다. 진리를 추구해야겠다는 거창한 생각도 해본 일이 없다. 사춘기 때 삶의 의미를 고민하고 종교에 관심을 가지면서 철학과를 선택했지만, 막상 대학에서 접한 철학이 그런 것과는 거리가 먼 학문이라는 사실을 발견하기까지 긴 시간이 걸리지 않았다. 특히 당시 국내에 소개되기 시작한 영미 분석철학은 도무지 '철학' 같지 않아서 동양철학에 더 관심이 갔다. 다만 동양철학은 뭔가 심오한 게 있는 것 같은데, 통 무슨 말을 하는지 갈피를 잡을 수 없는 게 문제였다.

나는 주로 그리스도교 신앙의 문제와 씨름하면서 대학 4년을 보냈다. 줄곧 신의 존재 문제를 가지고 고민했지만, 확신을 얻지는 못했다. 그러나 서양 고전음악을 무척 좋아해서 음악만 있어도 세상은 살 만하다고 생각할 정도였다. 지금은 대학 시절을 좀 더 폭넓게 독서하고 다양한 관심을 살리지 못한 채 보낸 것이 후회되지만, 아직도 종교적 관심과 열정만은 젊은 사람들 못지않다고 자부한다. 결국, 나는 대학원에서 신학과 종교학으로 전공을 바꾸었고, 종교학 교수로 생활하다가 조기 은퇴를 했다.

오늘의 대학은 '지식산업'의 장이 되어버렸다는 지적이 많다. '가치중립성'을 표방하는 현대 학문과 지식은 가치나 의미의 문제와는 무관한 것이 되어버린 지 오래다. 모든 것을 남의 이야기 하듯 말하고 다루기에, 나 자신과는 무관하게만 들렸다. 과학적 지식은 '어떻게how'는 말해주지만 '왜why', '무엇을 위해서?'라는 물음에 관해서는 관심도 없고 무력하기 짝이 없다.

종교를 공부하는 학문이라 해도 별수 없다. 학문은 학문이다. 기회가 있을 때마다 '혼이 있는 종교학'을 하라고 학생들에게 말했지만, 오늘의 대학에서는 결코 쉬운 일이 아니며 가르쳐준다고 해서 될 일도 아니다. 여하튼 종교에 대한 지식이 신앙은 아니며 남의 이야기가 내 이야기는 아니기에, 종교의 세계를 관념으로가 아니라 나 자신의 영성으로 더 깊이 알고 싶었다. 얼마 남지 않은 세월을 더 이상 남의 보화나 세면서 살고 싶지 않아서 내 나름대로 삶의 전환을 꾀했다.

최근 어느 교수도 나 같은 '병'이 도졌는지, 『그리스인 조르바』에 대한 서평을 쓰다가 아예 교수직을 던져버렸다는 이야기를 들었다. 모르기는 하지만 그의 화두는 희랍인 조르바처럼 '자유'였을 것이다. 니코스 카잔차키스N. Kazantzakis의 묘지명에는 "나는 아무것도 바라지 않는다. 나는 아무것도 두려워하지 않는다. 나는 자유다"라고 쓰여 있다고 한다. 여하튼 교수도 교수이기 전에 인간이다!

진정한 자기를 찾으려는 욕구 그리고 두려움

우리나라 40~50대 가정주부들이 많이 앓는다는 '병'이 하나 있다. 남편과 아이들 뒷바라지로 정신없이 살다가 40대 후반쯤 되어 문득 자신을 돌아보게 되면서 "나는 뭐지?" 하는 의문이 들기 시작한다는 것이다. 자기를 상실한 채 껍데기 인생을 살았다는 허전함과 허무감이 엄습하면서 심각한 '의미의 위기'를 맞는다. 남에게 고민을 드러내기도 그렇고 마땅히 대화할 상대도 별로 없다. 어쩌다 겨우 용기 내어 남편이라는 사람에게 속내를 드러내면 돌아오는 소리는 "배부른 소리 하고 있네"라는 핀잔뿐이다. 하지만 진정한 '자기'를 찾고 싶은 강한 욕구, 가정주부 이상의 '의미'를 찾고 싶은 욕구는 쉽게 사라지지 않는다. 심하면 우울증에 걸린다고 한다. 과감히 변신을 꾀해보려 하지만 능력도 용기도 모자란다. 직장 남자들만 매일 사표 내고 싶은 마음이 있는 것이 아니다. 주부들도 '사표' 내고 싶은 충동을 억누르면서 살고 있다.

변화에 대한 두려움에는 여러 가지 현실적 제약 말고도 더 깊고 본질적인 원인이 있다. 자기 자신의 진정한 모습을 대면하기 꺼리고 두려워하는 마음이다. 지금까지 사회가 부과한 역할에 충실했던 삶이 그런대로 '성공'이라면 성공이었고, 애써 쌓은 사회적 명성과 자존심으로 포장된 자아가 자신의 진정한 모습을 대면하기 꺼리는 것은 당연하다. 사실 참나眞我를 대면하는 일은 언제나 두려운 일이다. 그러나 인간이 인간인 한, 언제까지 피하고 미루며 살 수 없는 노릇이다. 외면하면 할수록 참나가 부르는 소리는 더 강하게 들린다. 우리는 모두 언젠가 반드시 찾아올 죽음 앞에서 결국은 모든 자존심을 내려놓고 자신의 참모습을 대면하게 된다. 모든 것이 부질없음을 뒤늦게 깨닫고 뉘우치지만, 마음의 평안을 얻기가 쉽지 않다. 아무리 나이를 많이 먹어도 너무 늦게 철드는 것이 인생인가 보다.

그렇다고 무작정 사회적 자아의 탈을 벗어 던지고 자유를 만끽한다고 속 시원히 문제가 해결되는 것도 아니다. 때로는 과감한 변신이 필요하지만, 자유 자체가 목적이 될 수는 없다. 어디에도 매이지 않는 자유는 곧 짐이 되고 마는 것이 자유의 역설이다. 갑자기 실직한 사람이나 퇴직한 사람에게 물어보라! 무슨 일이라도 좋으니 제발 할 일이 좀 있으면 좋겠다고 입을 모은다. 사람은 건강이 허락하는 한 무엇이든 할 일이 있어야 한다는 것이 참인 모양이다. 자유도 좋지만, 더 중요한 것은 무엇을 위한 자유냐이다.

자유에는 두 가지가 있다. 하나는 부정적 혹은 소극적 자유freedom-from이고, 다른 하나는 적극적 혹은 긍정적 자유freedom-for다. 자유가 공허한 자유, 허무적 자유가 되지 않으려면 새로운 가치를 향한 삶으로 이어져야 한다. 공허한 자유, 자유를 위한 자유는 오히려 짐이 되어버리기 때문이다.

진정한 자유는 자신의 전 존재를 두고 헌신할 새로운 가치, 새로운 목적, 새로운 의미를 발견하고 새로운 사회적 관계로 나아갈 때 비로소 완성된다. 그래서 예수님은 이렇게 말씀하셨다: "그러므로 무엇을 먹을까, 무엇을 마실까, 무엇을 입을까, 하고 걱정하지 말라. 이 모든 것은 이방 사람들이 구하는 것이요, 너희의 하늘 아버지께서는 이 모든 것이 너희에게 필요하다는 것을 아신다. 너희는 먼저 하느님의 나라와 그 의를 구하라. 그리하면 이 모든 것을 너희에게 더하여 주실 것이다."

죽음, 삶의 모든 의미를 앗아가다

의미의 위기는 산다는 것 자체가 의문시될 때 가장 심각하게 대두된다. 삶이 부분적 위기가 아니라 전적인 위기에 봉착할 때다. 죽음은 두말할 필요 없이 누구에겐 위기 가운데 위기다. 병마와의 투쟁, 사업의 실패나 실직, 이혼이나 가정 파탄과 같은 위기들도 극복하기 어렵지만 죽음의 위기에 비하면 그런 위기들은 예행연습에 지나지 않는다. 죽음은 누구나 반드시 봉착하게 되는 인생 최대의 위기다. 모든 가치와 목적을 집어삼키고 모든 의미를 무효화시키는 위기이기 때문이다.

나는 죽음을 '곱하기 제로'로 표현하곤 한다. 아무리 큰 숫자라도 제로를 곱하면 제로가 된다. 죽음은 기존에 작동하던 크고 작은 의미의 체계들을 완전히 무력화시킨다. 지금까지 추구하던 모든 가치가 갑자기 무의미하게 보이며 세상이 낯설어 보인다. 산다는 것 자체가 허무하게 혹은 무섭게 느껴진다. 지금까지 내 삶을 지탱해 주던 의미 체계가 갑자기 작동을 멈추면서 삶이 올 스톱하는 전적인 붕괴를 경험하게 하는 것이 죽음이다.

의미의 위기는 개인뿐 아니라 사회 전체에도 찾아온다. 지금까지 작동하던 사회의 상식적 규범과 의미 체계가 붕괴하면서 사회 전체가 아노미anomie 상태에 빠질 때 직면하는 의미의 위기이다. 우리나라가 겪었던 IMF 외환 위기나 몇 년 전 일본 동북부 해안지방을 덮친 쓰나미로 인한 원전 사고 같은 것이다.

이런 심각한 의미의 위기 속에서 우리가 봉착하게 되는 문제는 결국 우리에게 이 위기를 돌파할 만한 더 높고 깊은 가치와 의미가 존재하는가이다. 무슨 일, 어떤 위기가 닥쳐와도 결코 포기할 수 없는 진정한 가치, 극심한 시련이나 고난에도 불구하고 지켜야 할 가치, 죽음마저도 넘어설 지고선에 대한 확신이 나에게 있는가 하는 근본적 문제에 봉착하게 하는 것이 죽음이기 때문이다.

이유도 없고 구할 것도 없는 삶

내가 사는 강화도에 멋진 사람 한 분이 있다. 그분에게 무슨 재미로 사냐고 물으면 "빈둥빈둥하는 재미로 산다"라고 말해 사람들의 웃음을 자아낸다. "고상한 말로는 '유유자적'이라고 한다"라며 토까지 단다. '무슨 재미로'라는 물음은 따지고 보면 무엇에 마음을 두고, 혹은 무슨 가치에 의미를 두고 사느냐는 말이다. '빈둥빈둥하는 재미'란 어떤 특별한 재미나 의미 같은 것을 추구하지 않고 그저 평범하게 일상적 삶을 즐기며 산다는 말로 이해된다. 약간 더 확대하면, '인생이 뭐 별것 있겠는가, 삶이 꼭 무슨 특별한 재미나 큰 의미 같은 것이 있어야만 하는가'라는 일종의 체념이나 달관이 담긴 말처럼 들리기도 한다.

하지만 그렇게 사는 것이 쉬울 것 같지만 전혀 쉽지 않다. 그야말로 도인의 경지에 들어야 가능한 일이다. 마음을 비우고 무욕의 삶을 사는 지혜, 무위자연無爲自然의 경지를 터득해야 비로소 유유자적할 수 있다. 중세 신학자이며 영성가인 마이스터 에크하르트M. Eckhart는 "누가 나에게 왜 사느냐 묻거든, 그냥 살기 위해 산다고 대답하겠다"라고 말했다. 위대한 신학자인 수도자의 입에서 나온 말치고는 실로 파격적이다. 하느님의 뜻을 이루기 위해 산다든지, 하느님의 영광을 위해 산다는 말이 나옴직도 한데, 허를 찌르듯 하는 말이 할 말을 잃게 만든다. 일체의 욕망으로부터, 악한 욕망은 물론이고 선을 이루려는 욕망으로부터도 해방되어 무욕으로 사는 사람은 그야말로 아무 이유 없이, 아무것도 구하는 바 없이 그저 산다. 일체의 욕망에서 자유로우니 아쉬운 것이 없고, 잃어버릴 염려가 없으니 두려움도 없는 정말 고차원적 삶이다. 일체의 성취욕이나 가치의 추구, 의미의 추구로부터도 해방된 최고의 삶처럼 보인다. 의미의 포기가 최고의 의미이며 무위無爲가 최고의 행위라는 도가적道家的 역설의 지혜처럼 들린다.

그러나 분명한 사실은 이렇게 자족적인 무위자연의 삶도 하나의 선택이고 목적이라는 사실이다. 일체의 의미 찾기를 포기하는 '무의미의 의미'도 또 하나의 의미이며 선택이다. 인위적 목적 추구를 거부하고 자연과 하나 되어 사는 삶이 저절로 이루어진다면 모르지만, 그것 역시 또 하나의 목적이며 가치가 되는 것을 피할 수 없다. 사실 그러한 사상은 이미 어떤 가치나 의미를 추구하는 치열한 삶을 살아본 경험에서 우러나오는 결론과도 같은 것이리라. 인생의 쓴맛 단맛 다 본 사람, 그러다 보니 인생이 별것 아니고 무언가를 성취하려는 노력은 다 부질없고 오히려 불행만 더한다는 생각을 반영하는 냉소적 인생관이 깔려있기도 하다.

성공전도사들이 전하는 환상

삶의 성찰에는 동서양 영성의 고전만 한 것이 없다. 거기에서 우리보다 먼저 의미의 위기를 겪고 삶의 의미를 깊이 성찰한 지혜를 접할 수 있기 때문이다. 어떤 삶이 좋은 삶인지, 무엇이 인생의 지고선인지에 대한 깊은 통찰을 접할 수 있다. 동서고금을 막론하고 영성의 대가들은 한결같이 인생의 최고 목표와 의미는 참다운 자기인식에 있다고 증언한다. 몸과 마음으로 구성된 표피적 자아가 아니라 더 깊이 숨어 있는 심층적 자아인 참나眞我를 발견하고 실현하여 참사람眞人으로 사는 것이 인생의 최고 행복이라는 것이다.

이와 관련해서 한 가지 꼭 강조하고 싶은 사항이 있다. 영적 진아

真我의 실현은 요즘 교육가들이나 상담가들 또는 '성공전도사들'이 말하는 이른바 '자아실현'이나 '자기개발'과는 아무 상관이 없다는 사실이다. 오히려 그 반대다. 현대인들은 진짜 자기를 발견해서 자기다운 자기만의 삶을 살아야 한다는 일종의 강박관념 같은 것에 사로잡혀 있다. 하지만 이것은 잘못 입력된 하나의 허위의식이다. 과연 그렇게 자기만의 자아실현을 할 수 있는 사람이 세상에 얼마나 될지 의심이 들기 때문이다. 그런 것은 불과 몇 안 되는 천재 예술가나 타고난 예능인 또는 스포츠 스타들의 이야기일 뿐이다. 헤어스타일을 튀게 하거나 옷을 좀 개성 있게 입는다고 해서 자기만의 독창적 삶을 사는 것은 아니다.

성공전도사들은 쉽게 말한다. 사람은 누구나 타고난 자신만의 재능이 있고 무한한 가능성을 가지고 있지만, 문제는 아직 그것을 발견하지 못한 것이라고. 이건 대다수 사람에겐 환상이다. 이렇게 잘못 주입된 환상에 속아 많은 사람이 자기만이 할 수 있는 무언가를 찾아 허송세월하며 '진정한 삶'을 미룬다. 얼마 동안 자기변명과 위로는 되겠지만 결국은 깨어나서 현실을 대면할 수밖에 없을 것이다.

자기만의 개성, 자기만의 독창성을 발휘하는 삶이 진정한 삶이라는 생각은 현대 개인주의 사회가 심어놓은 환상이다. 누구나 하면 된다? 이건 자기도 그렇게 하지 못하는 성공전도사들이 남발하는 공허한 격려이고 싸구려 위로다. 자기만의 특별한 것 없이 평범하게 살아도 인간답게 진정한 삶을 사는 사람은 얼마든지 있다. 사실 대다수 사람이 그렇게 살고 있다. 사람은 대개 다 거기서 거기다. 부모들은 처음에 자기 아이가 매우 특출하고 천재인 줄 안다. 말을 배우는 나이인 2살쯤 되었을 때 좀 잘하면 신통해하면서 착각이 시작된다. 그러나 불과 몇 년도 지나지 않아 자기 아이도 여느 아이들과 별반 다르지 않다는 것을 깨닫는다. 독창적인 삶을 살기란 학업에서 일등 하기보다 더 어렵다.

영성의 세계에서 말하는 참나란 결코 우연적 산물인 개인의 특성이나 재능 같은 것을 가리키는 말이 아니다. 참나는 인간이면 누구나 타고난 본연의 인간성 자체다. 이러한 참된 인간성의 자각과 실현이야말로 인생의 궁극적 선이고 행복이라는 것이 동서 영성가들의 공통된 증언이다. 누구나 예술가가 될 수는 없지만, 누구든 참 인간이 될 수 있고 되어야만 한다. 성인은 곧 참사람을 일컫는다.

불안과 방황은 어디서 오는가?

인간의 정신적 불안과 방황은 에리히 프롬의 말대로 육체와 영혼의 이중 구조를 지닌 인간 특유의 구조 자체에 기인한다. 하지만 더 근원적으로는 폐쇄적이고 이기적인 자아의 두꺼운 표피를 뚫고 들려오는 또 다른 자아의 음성이 우리를 진정한 삶으로 부르고 있고 부추기기 때문이다.

육체와 영혼을 재통합하려는 욕구가 제아무리 강해도, 그것을 가능하게 하는 제3의 실재가 우리에게 없다면 진정한 평화는 근본적으로 불가능하다는 것이 영성 사상가들의 공통된 증언이다. 설령 우리가 어떤 절대적 헌신의 대상을 찾았다 해도, 그것이 우리 밖의 타자로 존재하는 한 우리는 결코 완전한 행복을 누릴 수 없다. 타자에 대한 절대적 헌신은 자칫하면 인간 소외를 초래하거나 억압의 기재로 작용할 위험성을 안고 있기 때문이다. 또 어떤 약물이나 심리적 테크닉을 통해 마음의 평안을 얻는다 해도, 심지어 예술적 감동에 도취해 자기를 잊는 몰아의 경지에 든다 해도, 모두 일시적 경험에 지나지 않는다.

영성가들은 육체와 영혼으로 구성된 우리의 좁은 자아$_{ego}$ 너머, 그 배후 혹은 바닥에 존재하는 더 근원적이고 항구적인 영적 인간성 자체에 주목한다. 우리로 하여금 좁고 이기적인 자신의 모습을 싫어하고 탈피하도록 부추기는 내면의 또 다른 자아다. 하느님의 모상$_{imago\ dei}$, 영$_{spirit,\ pneuma,\ purusa}$, 아트만$_{atman}$, 내면의 빛, 속사람, 영혼의 근저, 불성, 무위진인無位眞人, 진아眞我, 진심眞心, 도심道心, 공적영지空寂靈知, 본연지성本然之性, 양지良知, 지성$_{intellectus}$, 씨알, 얼나, 나의 나$_{I-I}$ 등 다양한 이름으로 불리는 우리의 깊은 참 자아다. 영성가들은 이 참나를 자각하고 자기 자신과 완전히 하나가 될 때 세상 무엇에도 흔들리지 않고 어떤 두려움도 없으며 어디에도 매이지 않는 절대 평안과 자유의 경지에 든다고 말한다.

참나 혹은 참사람은 나와 너의 차이와 대립과 갈등의 원인이 되는 개별적이고 고립된 자아가 아니라 모든 인간의 보편적 자아이며 초월적 자아다. 우리로 하여금 영혼과 육체의 탈$_{persona}$을 벗도록 부추기며, 나와 너의 구별은 물론이고 인간과 자연의 경계마저 넘는 우주적 자아, 신과 인간의 경계마저 무너트리는 신적 자아$_{divine\ self}$다. 나 자신보다 나에게 더 가까운 나의 참 자아이며, 내 영혼의 근저이자 우주 만물의 근저 · 근원 · 근거Grund, ground라고 에크하르트는 말한다. 여기서는 자기 자신과의 대면이 곧 신과의 대면이며 자기인식이 곧 신 인식이다. 죄란 초월적 타자로서의 신의 뜻을 어기는 것이라기보다는 자기 자신에 대한 반역이며, 구원이란 인간이 자기 밖의 어떤 높은 존재에 자신을 몽땅 바쳐 버리고 자기는 껍데기나 꼭두각시가 되는 것이 아니라, 진정한 인간으로서 자신의 본성을 온전히 실현하는 자기실현에 있다.

이렇게 우리 안에 있는 초월적 · 내재적 자아에 눈을 떠 우주 만물의 궁극적 실재, 곧 신, 신성, 브라만, 초정신과 완벽한 일치를 이루는 하나 됨을 실현하는 영적 경지를 종교에서는 신비적 합일이라고 부른다. 힌두교에서는 범아일여梵我一如, 그리스도교 전통에서는 신화deification, 동아시아 사상에서는 신인합일, 천인합일, 물아일체 등 다양한 이름으로 부른다. 이러한 경지야말로 육체와 영혼, 주체와 객체, 나와 너, 인간과 우주, 인간과 신의 분리와 대립을 초월하는 절대 평안의 경지다. 어머니의 모태(우주의 어머니)로 회귀하는 상태와 같고 우주 만물의 고향으로 돌아가는 환향, 환본, 환원과도 같은 경지다.

영성가들은 우리가 이러한 영적 자아실현을 위해서 먼저 세속적 자아, 일상적 자아, 온갖 욕망에 사로잡힌 좁고 이기적인 자아의 감옥을 벗어나야만 한다고 말한다. 좁다란 자아의 해체, 무아, 망아, 탈아, 초탈, 죽음을 통해 비로소 참나, 참 생명을 얻는다고 생각하기 때문이다. 이른바 사즉생死卽生의 길이며 부정을 통한 긍정의 길이다. 거듭남重生,

born-again을 통해 새로운 세계가 열리고 새로운 삶을 사는 길이다. 불교나 도가 사상에서는 이것을 무아를 통한 진아의 삶이라고 하며, 그리스도교에서는 십자가를 통한 부활의 생명이라고 말한다.

의미와 무의미, 거대한 싸움

우리는 도대체 왜 사는 걸까? 나도 알고 싶고 아직도 답을 찾고 있다. 그러나 한 가지 말하고 싶은 점은, 우리는 각자 자기 인생을 의미 있게 만드는 크고 작은 목표와 가치를 추구하며 산다는 사실이다. 하지만, 만약 인생과 인류 역사 전체가 의미 없다면 우리가 개인적으로 찾는 크고 작은 삶의 의미들은 모두 기반을 상실하고 자의성을 면치 못할 것이다.

빅뱅으로 시작된 138억 년 우주의 탄생과 전개 과정 그리고 생명을 잉태할 수 있는 지구의 탄생과 인류의 출현이 무의미한 우연의 연속뿐이었다면, 결국 인생 자체도 무의미하고 나의 존재와 삶도 무의미할 것 같다는 생각이 든다. 우주의 존재 자체가 거대한 우연이고 무의미 덩어리라면 우리가 아무리 개인적 삶의 의미를 발견한들 토대 없는 집과 같이 흔들리고 인생은 우스꽝스러운 장난에 지나지 않을 거라는 생각을 떨쳐 버리기 어렵기 때문이다. 우주 존재 자체가 의미가 없는데 인간의 삶이 무슨 의미가 있을 수 있으며, 인생 자체가 무의미한데 나의 인생인들 별수 있겠는가?

이를 뒤집어서, 우주의 탄생은 푸른 별 지구를 잉태하기 위한 것이고, 지구의 탄생은 생명을 낳기 위한 것이며 생명의 탄생은 이 모든 과정을 의식하고 이해하면서 '왜 사느냐'라는 물음을 던질 수 있는 인간의 출현을 위한 것이라고 과감하게 말한다면, 이미 오래전에 폐기된 지구 중심적 편견이고 인간 중심적인 망상일까? 그리고 인류 출현과 장구한 역사의 진통은 우파니샤드의 철인들과 소크라테스, 부처와 노자, 공자, 예수 같은 참사람, 곧 신인합일을 이룬 성인들의 출현을 위한 진통이라고 보는 것은 또 어떨까? 물질에서 생명, 생명에서 의식이 출현하는 전 과정은 필시 하느님이 자기 아들들을 낳기 위한 오랜 진통이었으리라.

아직은 확신에 이르렀다고 감히 말할 수 없지만, 어느새 지천명知天命과 이순耳順의 나이를 훌쩍 넘어 고희古稀를 지낸 나에게 인생은 아직도 의미와 무의미의 거대한 싸움처럼 보인다는 사실만은 확실하다. 의미의 보루였던 신과 성스러운 자연 세계에 대한 믿음이 무너지고 역사의 폭력과 부조리를 매일같이 지켜보며 살아야 하는 현대인들은 엄습해 오는 무의미성의 공격 앞에 무력하기 짝이 없다. 황량한 세계에서 운 좋은 사람 몇몇이 발견하는 소소한 행복과 의미는 나에게 별 매력도 위로도 되지 못한다. 그래서 아직도 '거대 의미'에 대한 미련을 못 버린 채 떠돌고 있다.

기복신앙을 넘어

• • •

　사람들은 주로 삶이 팍팍하고 일이 뜻대로 안 풀릴 때, 불안하고 두려울 때, 다급하고 절망적인 상황에서 물에 빠진 사람이 지푸라기라도 잡는 심정으로 신앙의 문을 두드린다. 특별한 '신앙 체험'을 했다는 사람들도 흔히 죽음의 문턱에서 살아난 기적 이야기를 신앙 간증으로 한다. 특별한 삶의 위기를 경험해 본 일 없이 그냥 평범하게 사는 사람들도 언제 닥칠지 모를 위기에 대한 불안 때문에, 혹은 가족의 건강이나 순탄한 직장생활 등 주로 세속적인 복을 구하는 기복신앙으로 종교를 찾는다. 만약 이런 기복신앙이 없다면 우리나라 교회나 사찰들은 텅 비고 경제적 기반이 무너질 것은 명약관화다.

무엇이 복이고 무엇이 행복인가?

누구도 복을 구하는 것 자체를 탓할 수는 없다. 복을 구하는 마음은 누구나 마찬가지다. 복이 행복이라면 영성을 추구하는 것 역시 행복해지려고 하는 것이기 때문에 구복이다. 사람들은 무슨 일을 하든 행복해지려고 한다. 행복은 누구에게나 인생의 목표다. 자기를 희생하면서 사랑을 베푸는 사람도 힘은 들지만 남이 모르는 만족과 기쁨이 있어서 할 것이고, 손해 보는 줄 뻔히 알면서도 자기가 한 약속을 성실하게 지키는 사람도 그것이 주는 더 큰 만족감이 있기 때문일 것이다. 가난을 자취하면서 안빈낙도하는 사람들, 말할 수 없는 고초를 감내하면서 정의를 위해 투쟁하는 사람들도 어떤 더 고차적 행복이나 만족감 같은 것이 없다면 하지 못할 것이다.

이렇게 보면 복이나 행복을 찾는 것 자체가 문제가 아니라 복의 내용, 즉 무엇이 복이며 무엇이 인간의 진정한 행복이냐는 것이다. 만약 종교가 구하고 약속하는 복이 위에 열거한 것 같은 물질적이고 세속적인 가치들이라면 종교는 궁극적으로 그 존재 이유를 상실할 것이다. 신앙인들이 구하는 가치가 일반인들이 구하는 가치와 똑같다면, 설령 대한민국 사람들 모두가 신앙인이 된다 해도 우리 사회는 조금도 달라지지 않을 것이기 때문이다.

기복신앙을 위주로 하는 종교는 존재할 필요가 없을 뿐 아니라 존재해서도 안 된다. 차라리 솔직하게 세속적 가치들을 추구하는 것만 못하다. 비신앙인들은 적어도 초자연적 무기까지 동원해서 자기 욕망을 채우려 하지는 않기에 신앙인들보다 더 정직하고 덜 위선적이다. 하물며 종교에 투입되는 엄청난 물적, 심적 에너지를 고려할 때 기복신앙을 두고서는 종교 무용론을 주창해도 할 말이 없다.

무욕과 무소유를 가르치는 부처님의 말씀과 마음이 가난하고 온유한 자가 복이 있다는 예수님의 산상보훈을 한 번이라도 진지하게 생각해 본 사람이라면, 기복신앙이 얼마나 종교의 본질과 어긋나는 것인지 알 법도 한데, 어찌 된 영문인지 우리나라 신자들이나 종교인들에게는 그런 것이 전혀 먹혀들지 않는 것 같다. 자발적 가난이나 온유와 겸손보다는 신앙의 이름으로 세속적 욕망을 더 부추기고 확대재생산하는 것이 오늘 우리 한국 종교계의 일반적인 모습이다. 주민들을 잘 살게 해 주겠다고 공약을 남발하는 정치인들이나 기복신앙을 부추기면서 때로는 신자들을 겁박하기까지 하는 '종교지도자들'이나 다를 게 무엇인가?

종교는 미래의 보상을 약속하면서 선한 삶을 촉구하기도 한다. 나는 미래의 보상을 믿고 행하는 선행마저 기복신앙의 범주에 넣을 생각은 없다. 물론 내세의 보상을 전혀 염두에 두지 않고 하는 선행이 더 순수하고 위대하다는 점은 인정한다. 천국의 보상을 위해 선행을 한다거나 지옥의 형벌이 두려워서 악행을 피하는 것보다 선 자체를 사랑하기 때문에 선하게 살고 악 자체를 미워하기 때문에 악행을 하지 않는 것이 훨씬 더 순수한 도덕임이 틀림없다.

하지만 나는 누가 보이지 않는 내세의 행복을 위해 '투자'처럼 선행을 한다 해도 그 선행이 무가치하다고 생각하지 않으며, 그런 것까지 기복신앙의 범주에 넣고 싶은 마음은 없다. 내가 문제로 삼는 기복신앙은 내세보다는 지금 당장 여기에서 초자연적 힘을 통해 복을 얻고자 하는, 문자 그대로 '현세 구복적인' 신앙이다. 예수님도 하늘에서 받을 상이 크다고 약속하지 않았던가. 불자들의 업보에 대한 믿음이 내세의 행복을 겨냥한다 하여 그들의 보시나 적선을 이기적이라고 매도한다면 지나친 순수주의다. 필시 그런 비판을 하는 사람은 말로만 순수 윤리를 외칠 뿐, 보이지 않는 세계를 위해 자기 손에 들어온 물질을 아낌없이 쾌척해본 일이 별로 없는 사람일 가능성이 크다.

모든 사람이 행복을 목적으로 삶을 영위한다는 사실을 철학적으로 표현하면 행복이 선이며 선은 곧 행복에 기여하는 것이라고 말할 수 있다. 여기서 '선'이란 아주 일반적으로 '좋음' 내지 좋은 것good을 뜻한다. 누구나 좋은 것을 좋아하듯이 행복을 좋아한다. 우리가 누구를 설득할 때 가볍게 던지는 "좋은 게 좋은 것 아니냐?"라는 말도 이런 뜻을 담고 있는 것 같다. 물론 이 말이 때로는 좀 더 음흉한 뜻을 암시하기도 하지만, 여하튼 좋은 것을 좋아하고 추구하는 것은 더 이상의 정당화가 필요 없는 당연한 일이다.

누구나 좋은 것을 원하고 추구하듯이 행복을 원하며 추구한다. 좋지 않은 것을 원하는 것은 우리의 본성에 어긋나며 거의 논리적 모순에 가깝다. 사실 강한 충동이나 유혹을 못 이겨 살인을 저지르는 사람도 적어도 그 순간만은 살인이 자기에게 '좋다'고 생각해서 하는지도 모른다. 소크라테스의 지행합일설知行合一說은 이러한 생각에 바탕을 두고 있다. 악행은 악을 선으로 오인하는 데서 비롯되며, 무엇이 선인지를 제대로 안다면 누구나 선을 선택하고 행하게 된다는 이론이다.

아무 생각 없이 저지르는 습관화된 범죄나 타인의 강압 혹은 자기도 어쩔 수 없는 충동으로 저지르는 악행이라면 몰라도 (요즈음 자주 들리는 아동 성추행 같은 것이 비정상적인 성호르몬 분비에 의한 것이라면 아마도 이런 범주에 포함해야 할지도 모르겠지만) 소크라테스의 지행합일설은 일반적으로 꽤 설득력이 있어 보인다. 심지어 악행을 즐기는 사람도, 가학행위를 즐기는 사람도 그런 즐김이 좋으니까, '행복'을 준다고 여기기 때문에 그런 행동을 할 것이다.

그렇다면 무엇이 우리 인간의 진정한 행복이며 우리가 추구할 최고의 가치, 최고 사랑의 대상인가 하는 것이 문제가 된다. 종교는 각기 다양한 이름으로 이 지고선을 제시하고 있지만, 한 가지 공통되는 사실은 보이지 않는 초월적 실재와의 관계, 즉 그것과 사랑의 연합이나 완전한 합일을 최고의 선이며 행복으로 간주한다는 것이다. 그것을 해탈이나 구원 또는 깨달음이나 은총이라 부르든, 인간의 최고 행복과 궁극적 완성이 거기에 있다고 가르친다. 결코, 덧없고 끝없는 물질적 욕망의 충족이나 감각적 쾌락을 참된 행복이라고 가르치는 종교는 없다.

이런 종교적 가르침을 떠나 우리는 행복의 문제를 보다 일반적으로 논할 수도 있다. 가령 우리가 추구하는 가치와 행복이 자기 자신만을 위한 이기적이고 배타적인 행복인가, 다른 사람과 나눌 수 있는 행복인가, 나만의 행복인가, 모두가 추구해도 좋고 그럴수록 더 커지는 행복인가가 행복의 우열을 가리는 간단한 방법이 될 수 있을 것이다.

또는 물질에서 오는 행복인가 정신적 활동에서 오는 행복인가를 행복의 우열을 가리는 간단한 방법으로 삼을 수도 있다. 그러기 위해서 우리는 굳이 물질 자체가 악이라거나 물질보다 정신이 우월하다고, 혹은 몸보다 영혼이 더 고차적이라고 믿을 필요도 없다. 더군다나 물질적 행복은 거짓 행복이고 정신적 행복만이 참된 행복이라고 믿을 필요는 더욱 없다. 다만 정신적 행복, 영적 평화, 덕 있는 삶에서 오는 마음의 기쁨 같은 것이 물질의 소유나 물리적 조건에 따라 변하는 행복보다 더 항구적이고 큰 기쁨을 주는 행복이라는 평범한 사실 때문이다.

우리는 욕망을 한없이 확대하는 데서 오는 행복보다는 욕망을 줄이는 데서 얻는 행복이 훨씬 더 현실적이고 지속적이며 깊은 행복이라는 사실을 깨닫기 위해서 굳이 종교를 들먹일 필요도 없고, 대단한 수행이나 고행을 할 필요도 없다. 약간의 지혜만 있으면 누구나 알 수 있고 실천할 수 있는 일이다.

행복의 원천, 하느님

기복신앙은 종교가 제시하는 본래적 가치를 무시하고 목적과 수단적 가치를 혼동하는 신앙이며 가치의 질서를 거스르는 신앙이다. 그리스도교에서 하느님은 모든 선의 근원이고 선 그 자체이며 지고선이다. 하느님만이 행복의 궁극적 원천이며 우리가 추구해야 할 욕망과 사랑의 최고 대상이다.

성 아우구스티누스나 토마스 같은 위대한 신학자들은 사람들은 알든 모르든 모두가 자기 존재의 근거이자 근원이며 행복의 원천인 하느님을 갈망하며 찾고 있다고 말한다. 다만 흔히들 이 근본적 사실을 모르고 피조물을 하느님으로 착각하고 하느님보다 더 사랑하는 오류에 빠지는 것이 문제라는 것이다. 유한한 것을 무한한 것으로 여기고 상대적인 것을 절대적인 것으로 삼고 추구하는 것이 우상숭배다. 하지만 본래부터 악한 사람은 없고 악을 선으로 오해하는 사람만 있듯이, 세상에 무신론자는 없고 하느님 아닌 것을 하느님으로 여기며 사는 우상 숭배자만 있을 뿐이다.

　하느님이 창조한 피조물은 모두 선 자체인 하느님에게서 오기 때문에 비록 차등적이지만 하느님의 선을 공유하는 선한(좋은) 것들이다. 피조물 가운데 그 자체로 나쁜 것은 하나도 없다는 것이 그리스도교의 창조신앙이다. 따라서 피조물들은 모두 우리가 사랑하고 즐길 수 있는 대상이다. 문제는 우리가 사랑의 질서를 어기고 하느님보다 인간을, 인간보다 동물을, 동물보다 식물을, 식물보다 광물이나 무기물을 더 사랑한다는 데 있다. 이렇게 사랑의 질서ordo amoris를 어기는 데에 인간의 불행이 있다고 성 아우구스티누스St. Augustinus는 말한다. 목적적 가치를 수단적 가치와, 근원적 가치를 파생적 가치와, 절대적 선을 상대적 선과 혼동하고 하느님 사랑을 피조물에 대한 사랑으로 대체해서 행복을 잘못 구하고 있다는 것이다.

　기복신앙의 문제점은 물질에 대한 욕망 자체가 아니라 지고선인 하느님을 물질에 대한 욕망을 성취하기 위한 수단으로 사용하는 데 있다. 목적은 안중에 없고 피조물에 대한 욕망만이 영혼을 지배한다. 중세 도미니크 수도사이며 신학자인 마이스터 에크하르트는 이렇게 수단화된 하느님을 '양초 하느님', '젖소 하느님'이라고 꼬집었다. 어두운 곳에서 물건을 찾고 나면 더 이상 필요 없는 양초처럼, 또는 우유를 짜고 나면 안중에 없는 젖소처럼 하느님을 취급하는 태도를 풍자하는 말이다. 그는 이런 신앙을 염두에 두고 말하기를 마음이 철저하게 가난한 사람은 아예 기도할 필요조차 없다고 한다. 기도란 대개 없는 것을 있게 해달라거나 있는 것을 없게 해달라는 간청인데, 아무것도 원하는 것이 없을 정도로 마음을 비운 무욕의 사람이 그런 기도를 할 필요가 무엇이냐는 것이다.

물론 이 말은 기도의 일반적 형태인 청원 기도를 두고 하는 말이지 침묵 기도나 관상기도(일반적인 청원기도와 달리 관조적 명상에 몰입하는 기도, contemplative prayer) 같은 것을 두고 하는 말은 아니다. 그런가 하면 이슬람의 한 수피Sufi 영성가는 "내가 만일 천국의 복락을 위해 하느님을 사랑한다면 나를 지옥에 보내소서"라고 기도했다고 한다. 모두 순수한 하느님 사랑을 강조하는 말이다.

힌두교에서 추구하는 해탈 역시 '더 이상 좋은 것이 없는nihsreyas' 지고선이며, 불교에서도 물론 해탈과 열반은 지고선이다. 탐食, 탐욕, 진嗔, 노여움, 치痴, 어리석음 라는 삼독三毒의 대상인 세간의 사물들有爲法은 모두 무상無常하고 실체성이 없고無我 괴로움苦과 슬픔의 원천이다. 인간의 진정한 행복은 덧없는 것들에 대한 욕심이 아니라 무욕과 무소유에서 온다. 세간적인 욕망과 집착이 아니라 출세간적인 청정심과 자유에서 온다는 것이다. 무위자연을 좋아하는 도가道家 사상도 욕심을 '덜고 또 더는' 무욕을 강조하며, 유교에서도 사욕에 의해 탁해진 이기심人心을 정화해서 인간 본래의 순수한 본성本然之性인 도심道心, 仁을 회복하는 것이 진정한 행복의 길이다.

최근 나는 심도학사에서 두 엄마로부터 기막힌 이야기를 들었다. 한 엄마가 어린 딸에게 기도를 열심히 하면 하느님이 다 들어주신다고 말하자 딸이 "그럼 하느님이 엄마 졸개야?"라고 물었다는 이야기이다. 또 다른 엄마도 딸아이에게 비슷한 말을 하자, "그럼 나는 하느님이 되게 해달라고 기도할 거야"라고 했다는 것이다. 문제의 정곡을 찌른 두 아이 모두 무척 똑똑하다는 생각이 들었고, 어른들이 할 말을 잃게 했다. 물론 두 엄마 역시 무척 당황스러워했다. 우리의 신앙, 우리가 평소 쉽게 드리는 기도에 뭔가 크게 잘못되었다는 것이 확실하다는 생각이 들었고, 이 문제는 결코 두 엄마만의 문제는 아닐 것이라는 생각도 했다.

기적을 바라는 신앙

기복신앙은 기적신앙과 직결된다. 자신의 노력으로 복을 얻으려는 것이 아니라 초자연적 힘을 빌려 복을 얻으려는 것이 기적을 바라는 신앙이다. 불가능한 줄 알면서도 구하는 것이 기적이다. 기적신앙은 어쩔 수 없는 일을 천명으로 알고 순명하는 지혜보다는 자연의 순리를 무시하고 무리하게 자신의 욕망을 성취하려고 한다. 피조물 모두의 선을 위해 하느님이 제정한 자연의 질서를 자신의 선을 위해 하느님 스스로 빗겨 가거나 수정하기를 바란다.

물론 기적이 반드시 자연의 법칙을 어기는 일이 아닐 수도 있다. 우리 인간도 자연의 법칙을 이용해서 일을 성취하는데 자연의 입법자인 하느님이 그렇게 못하겠냐고 생각할 수도 있다. 기적신앙의 더 큰 문제점은 하느님의 일반적 섭리보다는 한 특정한 개인이나 집단을 위한 하느님의 특별한 섭리와 배려를 우선시하는 편파적 이기심이다. 전체의 선보다는 부분의 선을 앞세워서 구하는 것이 기적에 매달리는 신앙이다.

부분은 언제나 전체 중 일부임을 기억할 필요가 있다. 부분이 바뀌면 전체도 어떤 식으로든 영향을 받기 마련이며, 특정한 부분에 영향을 미치려면 전체를 수정해야 할지도 모른다. 설령 하느님이 특정한 개인이나 집단을 위해 기적으로 국소적인 개입을 한다 해도, 그 결과와 파장은 전체에 미치게 되는 것이 자연의 시스템이다. 무수한 부분적 악에도 불구하고 우리가 그나마 세계 전체의 조화와 아름다움을 보면서 이 세계를 사랑하고 인생을 긍정하며 살 수 있다는 사실을 고려할 때, 어쩔 수 없는 부분의 악은 조용한 마음으로 수용하는 것이 성숙한 신앙의 태도가 아닐까 생각한다.

기적신앙은 하느님의 뜻을 구하기보다는 자기의 뜻을 앞세우기 쉽다. 참된 신앙은 하느님의 뜻에 비추어 자기 뜻을 성찰하고 굽히는 것이지 자기 뜻을 하느님의 뜻으로 여기고 고집하지 않는다. 고난의 십자가를 목전에 두고 할 수만 있으면 이 쓴 잔을 피하게 해달라고 간

청하면서도 결국 "내 뜻대로 마옵시고 아버지의 뜻대로 하옵소서"라고 자기 뜻을 내려놓는 예수님의 기도가 그 전형이다. 그는 또 우리에게 무엇을 먹을까, 무엇을 입을까 염려하기 전에 먼저 하느님 나라와 그 의를 구하라고 가르쳤으며, 우리에게 필요한 일용할 양식을 구하기 전에 이 땅에 하느님의 나라가 임하여 하늘 아버지의 뜻이 이루어지기를 먼저 구하는 기도를 가르쳐주셨다.

기적이란 주로 한 특정한 개인이나 집단만 경험하는 사건이다. 기적은 모든 사람과 공유할 수 있는 경험이 아니라 차별적인 경험이다. 수능시험이 있는 날이면, 교회고 절이고 기도하는 사람으로 가득 찬다고 한다. 배타적 경쟁을 본성으로 하는 입시를 앞두고 양심 있는 신앙인들은 자식을 위해 어떻게 기도할지 곤혹스러운 마음이 들 것이다. 기도할 수도 없고 안 할 수도 없는 딜레마에 빠진 기분이 들지도 모른다. 수험생들 모두 실수하지 않고 평소 실력을 잘 발휘하게 해달라고 하나 마나 한 기도를 드릴 수도 없고, 그렇다고 자기 자식만 시험을 잘 보게 해달라고 얌체 기도하기는 양심이 허락하지 않는다. 난감하기는 하느님도 마찬가지일 것 같다. 모두를 사랑하는 하느님이신데, 누구의 기도를 들어줄지 난처하시지 않을까? 그렇다고 기도란 단지 심리적 안정을 위한 것이라고 여겨 기도 대신 심호흡이나 한번 길게 하라고 일러주는 편이 더 나을까?

자식의 입시를 앞두고, 혹은 암으로 생사의 갈림길에 선 자식을 보면서 간절한 마음으로 기도하지 않을 부모가 어디 있을까? 하지만 똑같이 기도했는데 왜 하느님은 한 어머니의 기도는 들어주고 다른 어머니의 기도는 외면하실까? 자식이 암에 걸린 것만도 감당하기 어려운 시련인데 어머니의 기도가 부족해서 죽었다면, 이보다 더 원통할 일이 어디 있겠는가! 그렇다고 하느님이 모든 사람의 기도를 다 들어주신다면, 기적은 더 이상 기적이 아닐 것이다. 기적은 본성상 특별하고 차별적인 사건이기 때문이다.

기적적 치유의 경험을 하거나 교통사고에도 불구하고 혼자 살아난 경험을 '신앙 간증'이랍시고 감격해서 하는 것을 듣고 있노라면, 양식 있는 사람들의 마음은 불편하다 못해 괴롭고, 괴롭다 못해 어쩌면 저렇게 이기적일까 하고 욕이 나올 정도다. 이른바 '체험 신앙'이라는 것을 자랑하는 사람들은 그것이 얼마나 아전인수적이고 남에 대한 배려가 없는 비도덕적인 일인지 깊이 숙고해 보아야 한다. 사실, 다른 사람의 극적 치유 경험을 듣기보다는 지나간 고통의 세월을 담담하게 털어놓는 이야기가 오히려 더 공감이 가고 '은혜'가 되는 것은 나만의 경험은 아닐 것 같다. 우리가 세세히 알 수 없는 하느님의 섭리 앞에서 함부로 한 특정 사건을 하느님의 뜻과 연관시키기보다는 차라리 '모든 것'을 하느님의 뜻으로 받아들이는 것이 참다운 신앙적 태도가 아닐지 생각해 본다.

한 찬송가 가사 대로 "살든지 죽든지 뜻대로 하소서"라며 모든 것을 내려놓고 하느님의 뜻에 맡기는 것, 한 걸음 더 나아가 바울 사도처럼 "내가 약할 때 오히려 나는 강하다"라고 고백하거나 "나에게는 죽는 것도 유익하다"라고 고백할 수 있다면, 이보다 더 순수한 신앙, 신앙다운 신앙이 있을까?

징표 없이 믿는 신앙

청원기도와 기적신앙에 대해 다소 냉소적으로 말하는 것은 내가 매사에 자신만만하기 때문이 아니다. 교만한 마음에서 하는 말은 더욱 아니다. 죽음의 문턱에서 하느님께 부르짖거나 부처님 이름을 부르지 않을 사람이 어디 있겠는가. 감기만 걸려도 하느님께 기도하고 싶은 마음이 들 정도로 나약하기 그지없는 존재가 나라는 사실도 잘 알고 있다. 하지만 너무나 염치가 없고 뻔뻔하다는 생각이 들어서 차마 그렇게 못할 뿐이다.

종교에서 기적은 어디까지나 부차적이다. 기적은 보이지 않는 초월적 실재를 접하게 하는 수단은 될지언정 결코 그 자체가 목적이 아니며 구원도 아니다. 기적신앙보다 더 깊은 신앙은 아무런 가시적 징표 없이도 보이지 않는 하느님을 믿는 신앙이다. 예수님은 의심하는 도마에게 보지 않고 믿는 신앙이 더 위대하다고 말씀하시지 않았던가? 기적에 의해 입증되었다고 생각하는 신앙은 사실 매우 위태로운 신앙이다. 기적이 신앙을 '입증'해 주는 경우보다 '배신'하는 경우가 비교할 수 없을 정도로 더 많기 때문이다. 그뿐 아니다. 보이는 징표에 의해 입증된 신앙은 오히려 순수하지 못한 신앙이다. 신앙이 입증된다면 더 이상 자발적 신앙이 아니고 부인할 수 없는 가시적 증거에 의해 '강요된' 신앙이 될 것이다. 강요된 신앙은 더 이상 신앙이 아니다. 신앙이란 불확실성의 모험을 감수한 자발적 결단이어야 한다. 실존주의자들의 말하는 이른바 '믿음의 비약leap of faith'이란 것이 필요하다는 말이다. 실증적 확실성은 신앙과는 무관하다. 보이는 것은 그냥 보고 알면 되지, 무슨 믿음이라는 것이 따로 필요하겠는가?

이와 유사한 논리가 도덕적 선악의 부조리에서도 성립된다. 신앙 인들은 가끔 왜 저렇게 착하고 무고한 사람들이 고통을 받는지 묻게 된다. 하느님은 왜 아무 죄도 없는 어린아이들의 고통을 지켜만 보고 계시는지 회의가 든다. 하지만 행복과 고통이 도덕적 선과 악에 정비 례해서 주어지는 세계를 한번 상상해 보라. 그런 세계에서는 선 자체 를 사랑하기 때문에 하는 선은 없고 오직 보상을 바라는 선, 보상에 길들어진 선만 존재할 것이다. 그리고 악에 대한 징벌이 두려워서 악 행을 피하는 두려움에 근거한 선 아닌 선만 존재할 것이다.

우리는 덕과 행복이 완전히 일치하는 세상을 원하면서 왜 하느님 께서 애초에 그런 세계를 만드시지 않으셨을까 하는 의문이 든다. 그 리고 왜 선과 행복이 함께 가지 않는 부조리한 세계를 보고만 계실까 항변도 하게 된다. 하지만 선과 행복이 정비례하는 세계가 존재한다 면, 그런 세계에서는 자발적 선, 순수한 선은 가능하지 않을 것이다. 악행을 하면 당장 벌을 받는데 누가 감히 악행을 저지를 것이며, 선하 게 살면 물질적으로 복을 받는다는데 누가 그렇게 살지 않겠다고 하 겠는가? 보상을 바라지 않는 순수한 도덕적 행위, 도덕의 이름에 걸맞 은 도덕적 삶은 그 결과의 불확실성 속에서만 가능하다는 역설이 성 립한다. 진정한 신앙도 순수한 도덕도 불확실성에서 감행하는 일종의 모험이다.

하기야 세상에는 보고도 믿지 않거나 깨닫지 못하는 사람도 허다하다. 똑같이 기적을 경험하고도 한 사람은 하느님의 은총이라 여겨 감사하는가 하면, 다른 사람은 엄청난 행운 정도로 여기고 살아간다. 이런 것을 보면 신앙이 기적을 만들지 기적이 신앙을 만드는 것이 아님을 알 수 있다. 그래서 예수님도 치병의 기적을 행하고도 "너의 믿음이 너를 구원하였다"라고 말씀하셨다. 믿음이 선행하지 않는 데 예수께서 병을 고쳐주신 경우는 복음서에 단 한 번도 없다. 그러나 믿음이 있다고 반드시 기적이 일어나는 것은 아니고, 믿음이 없는 사람에게도 '기적'은 일어난다. 알 수 없는 기적의 신비라고 할까?

세상에 원인 없는 현상은 없다는 대전제를 우리가 수용한다면, '기적'이란 아마도 당분간 우리의 지식이 모자라서 이해할 수 없는 현상에 붙이는 임시적 이름에 지나지 않을지도 모른다. 옛날 사람들이 하늘을 나는 점보제트기를 보았다면 필시 기절초풍해서 나자빠졌을 것이며 사회는 온통 난리가 났을 것이다.

신앙심 깊은 사람들이 한결같이 증언하는 바는 세상에 기적 아닌 것이 없다는 것이다. 이 순간에도 숨을 쉬며 살아있다는 것, 목구멍으로 편하게 밥을 넘길 수 있고 대소변을 제대로 볼 수 있다는 것, 푸른 하늘을 우러러볼 수 있고 밤하늘을 화려하게 수놓은 별들의 향연에 감탄할 수 있다는 것, 눈부신 가을 햇살과 이름 모를 들꽃 어느 것 하나 그냥 지나칠 수 없다. 들에 핀 백합화, 공중에 나는 새 한 마리에서도 예수님은 하느님의 손길을 느끼셨고, 선한 사람 악한 사람 가리지 않고 내리는 비와 햇빛에서도 하늘 아버지의 무차별적 사랑을 보았다.

무상한 것들의 신비

언제든 사라질 수 있는 무상한 것들은 우리에게 존재의 신비를 느끼게 한다. 우리로 하여금 무無에 둘러싸여 있는 듯 없는 듯 묘유妙有의 신비를 깨닫게 해 주기 때문이다. 무엇보다도 우리 자신의 존재 자체가 기적 중의 기적으로 느껴진다. 온 우주보다도 귀하고 위대한 것이 인간의 생명이라는데, 나 같은 존재 하나를 탄생시키기 위해 우주 138억 년의 엄청난 시간이 필요했다고 하면 심한 과대망상일까? 파스칼의 유명한 말대로, 우주는 나를 생각할 수 없지만 나는 우주를 생각할 수 있다. 자기 자신을 광막한 우주의 꽃이라 한들 누가 말도 안 되는 착각이라고 비난할 것인가? 착각도 아니고 과장도 아니다.

빅뱅, 생명을 낳을 수 있는 지구의 탄생, 단세포 생물 하나에서 시작된 40~50억 년의 생명 진화의 역사와 우주 탄생의 비밀을 이해하고 찬탄할 수 있는 인간의 출현으로 귀결된 이 놀라운 과정을 이해하고, 의식이라는 작은 촛불 하나 켜놓고 하늘 캔버스에 그려진 황홀한 저녁노을에 넋을 잃기도 하고 밤마다 펼쳐지는 별들의 불꽃놀이를 감상할 수 있는 이 모든 과정이 '나'라는 존재 하나를 탄생시키기 위한 진통이었다 한들 누가 뭐라 하겠는가? 나에게 진짜 기적은 부처님과 예수님 같은 참사람, 바흐나 모차르트 같은 천재 중의 천재가 이 세상에 태어나서 살았다는 사실이다.

슬픔이 있어야 기쁨도 있다. 고통이 없으면 즐거움도 느끼지 못한다. 날씨가 항시 좋은 곳에서는 날씨 좋다는 말이 별 의미가 없고 실감하지도 못하듯이, 기쁨만 있으면 기쁨을 모른다. 고와 낙은 항시 같이 간다. 하나만 있고 다른 하나는 없는 것이 불가능하다면, 하나만 취하고 다른 하나를 거부하는 것 또한 모순이다. 우리가 아예 슬픔과 기쁨, 고와 낙을 느낄 수 없는 존재라면 몰라도 생명체가 존재하고 고통과 슬픔을 더 깊이 경험할 수 있는 인간이 존재하는 한, 고와 낙은 항시 붙어 다닌다. 그렇다고 고와 낙을 경험할 수 있는 인간이나 다른 생명체들이 아예 없는 세계가 있는 세계보다 더 좋다고 말할 사람이 어디 있겠는가. 사실 그런 세계는 이 광대한 우주에 얼마든지 있다! 우주의 한 점만도 못한 크기의 이 지구라는 오아시스에 우리가 살고 있다는 사실 하나만으로도 우리는 기적 중의 기적을 날마다 경험하며 사는 존재들이다. 오죽하면 누가 말하기를, 삶이 고달플 때면 목성에서 이민 왔다고 생각하라고 했겠는가.

참된 신앙과 영성은 고통을 없애주기보다는 보다 넓고 깊은 시각에서 사물을 달리 보고 인생을 달리 경험하는 능력을 준다. 고통이 초월의 세계를 열어주는 은총의 매개체로 변한다. 고통과 고난을 경험하지 않고 위대한 신앙을 가진 사람을 보았는가? 순수한 신앙은 오히려 고난 속에서 하느님의 현존과 손길을 더 가까이 느끼고 하느님을 더 사랑하게 만든다. 기적을 보고 믿는 '신앙 아닌 신앙'이 아니라 하느님의 딸 테레사 수녀처럼 하느님의 부재를 느끼는 캄캄한 밤을 지나면서도 하느님의 손을 놓지 않는 참 신앙을 준다.

참된 신앙이란?

한국 종교계는 이제 일차원적이고 단선적인 기적신앙과 기복신앙을 과감히 청산할 때가 되었다. 아니, 단호히 거부할 때가 되었다. 종교란 무엇 하는 것인가? 자기를 변화시키고 사회와 세계를 변화시키려는 것이 아닌가? 이기적이고 아전인수적인 기복신앙은 자기를 변화시키지 못하고 사회도 변화시키지 못한다. 오히려 그 반대다.

불교가 오늘날 아시아를 넘어 전 세계로 퍼지고 있다는 것은 잘 알려진 사실이다. 미국을 비롯한 서구 사회에는 수백, 수천만을 헤아리는 이른바 '백인 불자'들이 있다. 다른 것은 몰라도, 우리 동양의 불자들이 그들에게 배울 점이 하나 있다면, 불교에 대한 그들의 관심이 기복신앙과는 무관하다는 사실이다. 또, 백인 불자들은 우리나라 불자들보다 불교 교리나 사상에 대해서도 훨씬 더 잘 알고 있는 편이다. 불교에 관한 좋은 책들을 영어로 많이 읽기 때문이다. 명상에도 훨씬 더 열심이다. 그들은 아프면 병원에 가지 부처님께 기도하지 않으며, 입시지옥 같은 것이 없으니 입시철이라고 절을 찾을 필요도 없다. 그들은 그런 기복신앙 없이 순전히 마음공부 하는 것이 불교라고 생각해서 불교를 좋아하고 선택했기 때문이다.

죽음이 두렵지 않은 사람이 어디 있으며, 극심한 고통 속에서도 하느님께 매달리지 않을 사람이 어디 있겠는가? 캄캄한 절망의 터널을 지나온 경험이 없는 사람은 기적에 매달리는 신앙을 함부로 비판하지 못한다. 문제는 신앙이 우리가 어떻게 고통을 극복하게 만드는가에 있다. '진인사대천명'이라는 말은 고통을 대하는 우리의 신앙 태도에도 합당한 말일 것 같다. 의사의 손으로 할 수 있는 일은 다 하고도 낫지 않는 병을 견디고 감수하는 지혜, 기도 가운데 하느님의 음성을 듣고 인생의 더 큰 진리를 깨닫는 지혜를 얻는 것이 신앙의 축복이지 의학적 상식에 반하는 기대에 매달리고 의사의 손을 대신해 주는 것이 신앙이 아니다.

고통을 없애주기보다는 고통을 안고 사는 지혜와 용기, 여태껏 들리지 않았고 들어도 외면했던 이웃의 고통과 뭇 생명의 신음을 들을 수 있는 귀를 열어주는 것이 신앙이다. 또, 살아있다는 사실 하나만으로도 깊이 감사할 수 있는 마음을 주는 것이 신앙의 힘이다. 참된 신앙은 하느님과 '전부 아니면 전무'의 도박을 한다. 어떤 특정한 사안을 놓고 하느님과 구차한 거래를 하려 들지 않는다. 신앙은 파트타임 비즈니스가 아니다. 자신의 전 존재, 전 삶을 걸고 하느님과 '빅딜'을 하는 것이 신앙이다. 하느님께 몽땅 바치고 몽땅 얻는 '빅딜'이다. 죽어야만 산다는 사즉생死即生의 용기야말로 불교와 그리스도교가 공통으로 증언하는 참 생명의 길, 참 신앙의 길이다.

다음은 뉴욕대 부속병원의 재활센터 벽에 붙어 있다는 〈축복의 기도〉이다.

큰일을 이루기 위해 힘을 주십사 기도했더니
겸손을 배우라고 연약함을 주셨다.
많은 일을 해낼 수 있는 건강을 구했는데

보다 가치 있는 일 하라고 병을 주셨다.

행복해지고 싶어 기도했는데

지혜로워지라고 가난을 주셨다.

세상 사람들의 칭찬을 받고자 성공을 구했더니

뽐내지 말라고 실패를 주셨다.

삶을 누릴 수 있게 모든 걸 갖게 해달라고 기도했더니

모든 걸 누릴 수 있는 삶 그 자체를 주셨다.

구한 것 하나도 주시지 않았지만

내 소원 모두 들어주셨다.

하느님의 뜻을 따르지 못하는 삶이었지만

내 맘속에 진작 표현하지 못한 기도는

모두 들어주셨다.

나는 가장 많은 축복을 받은 사람이다.

_ 김나미, 『신앙지옥 불신천국』

신의 암호 해독하기

• • •

인생을 살다 보면 누구나 한 번쯤 신 또는 하느님에 대해 생각해 보게 된다. 일상에 매몰되어 신에 대해 생각할 겨를이나 관심이 없었던 사람도 죽음이 임박하면 신과 내세에 대해 진지하게 생각한다. 삼성 창업주 이병철 회장이 죽음이 임박했을 때 차동엽 신부에게 물었다는 20여 개의 질문은 누구나 한 번쯤 묻고 싶은 질문들일 것이다.

신은 존재하는가? 어떻게 신의 존재를 아는가?
신이 존재한다 치더라도 신은 과연 우리 인간처럼 생각하고 행동할까?
혹시 신이 인간을 만든 게 아니라 인간이 자기들의 온갖 희망을 투사해서
신을 만들어낸 건 아닐까?
왜 사람들은 보이지도 않는 존재에 대해 그토록 집착하며 때로는 소중한

목숨까지 바칠까?

신은 무소불위이고 전지전능하다는데, 우리 인간은 꼭두각시란 말인가?

왜 사랑의 신이 창조하고 다스린다는 세상에 이토록 악이 성행하며 이토록 많은 억울한 고통과 눈물이 있는가?

기적이라는 게 정말 있는 것일까?

왜 신은 어떤 사람의 기도는 들어주고 어떤 사람의 기도는 외면하는가?

이렇게 의문이 꼬리에 꼬리를 물고 일어나는데, 왜 신은 당당하게 나타나 보이지 않고 숨어서 우리를 괴롭히는가?

확신과 맹신 사이

신은 풀리지 않는 암호와 같다. 풀리면 무언가 굉장한 것이 숨어 있을 것 같은데 풀리지는 않고 궁금증만 더해간다. 그래서 신앙의 문에 들어선 사람들은 말한다. "그렇게 따지고만 들면 평생 믿지 못할 것이다. 따지지 말고 무조건 믿어라. 신은 인간의 머리로 이해할 수 있는 존재가 아니다. 오히려 먼저 믿어야 안다." 그런가 하면 또 어떤 사람들은 "직접 체험해 봐야 안다"라고 하면서 자신의 신앙 체험을 자랑하기도 한다.

신학자들은 "초월적 실재인 하느님에 대한 신앙은 인간의 이성을 초월하기 때문에 겸손한 마음으로 하느님의 계시를 수용해야만 한다"라고 말한다. 신은 죽음의 문턱에 선 환자가 의사를 찾는 절박한 심정으로 찾는 사람에게만 자신의 존재를 알리지, 한가한 사변이나 철학적 논쟁을 일삼는 자는 절대로 알 수 없다고도 한다.

심리학자이자 철학자인 제임스_{W. James}는 『믿으려는 의지』라는 책에서 관찰자적 자세로 신앙의 문제를 대하는 사람을 자기가 좋아하는 사람이 정말 자기를 사랑하는지 요리조리 관찰만 하는 사람에 빗대고 있다. 그런 사람에게는 결코 사랑이 이루어지지 않고 오히려 상대방이 나를 사랑한다고 믿고 대시하는 자에게 성사되듯이, 신앙도 마찬가지라는 것이다. 일리 있는 말이다. 심지어 중세 신학자 안셀무스_{Anselmus}는 "알기 위해 믿는다"라는 유명한 말을 남겼다.

나도 젊은 시절, 이런 '신앙의 비약'이나 실존적 결단을 강조하는 사고에 매료되기도 했고, 지금도 여전히 그것이 의미 있다고 생각한다. 하지만 문제점과 한계도 간과할 수 없다. 당장 이런 반문이 생길 것이다. "알지도 못하는데 어떻게 믿는가. 모르는 것을 믿는 게 신앙이란 말인가. 신앙은 반드시 지성의 희생을 요구한단 말인가. 그렇다면 똑똑한 사람은 신앙과 인연이 없고 머리가 좀 둔한 사람이나 혹은 인생에서 커다란 시련과 좌절을 겪고 절박한 심정으로 신을 찾는 사람들에게만 신앙의 문이 열린다는 말인가. 그런 절박한 마음도 없고 기적을 경험한 일도 없는 대다수 사람은 어떻게 하란 말인가. 신앙을 갖기 위해 억지로라도 그런 것을 구해야 하나?"

신에게 나아가는 데 어느 시점에서든 불확실성 속에서 감행하는 '신앙의 비약'과 결단이 필요하지만, 이는 자칫하면 우리의 실존적 결단이나 태도가 신의 존재 유무를 결정한다는 오해를 낳기 쉽다. 아무래도 문제에 대한 정면 승부를 피한다는 인상을 준다.

그러나 다른 한편, 우리가 신을 지적으로 확실히 알 수 있다면 신앙이 설 자리는 없다. 더욱이 신의 문제에서 확실성을 추구한다는 것은 위험한 일이다. 신을 유한한 사물의 차원으로 끌어내려서 객관적 지식의 대상으로 삼겠다는 말에 지나지 않기 때문이다. 신앙은 지식이 아니며, 확실한 지식은 오히려 신앙의 적이다. 진정한 신앙은 지식의 확실성에 의해 '강요된' 것이 아니라 불확실성 속에서 감행하는 자유의 모험과 비약이 있어야 한다는 실존주의자들의 생각은 여전히 타당하다. 사도 바울은 신앙에 대해 어린 시절의 유치한 생각과 말을 버리게 되었다며 다음과 같이 말하고 있다: "우리가 지금은 거울 속 영상같이 희미하게 봅니다(옛날 거울은 지금처럼 투명하지 않았다). 그러나 그때에는 얼굴과 얼굴을 맞대고 볼 것입니다."

그리스도교 신앙은 하느님과 직접 대면하는visio dei 확실한 앎을 사후의 희망으로 남겨둔다. 하지만 지금 이 지상에서도 '희미하게 보는' 정도는 가능한 일이라고 본다. 신앙이 순전한 암중모색이나 무조건적인 지성의 희생일 필요는 없다는 것이다. 신앙에 대한 올바른 태도는 '확신'과 '맹신' 사이 중간쯤 어디에 있을 것 같다. 확신도 위험하고 맹신도 위험하다. 확신에서 오는 신의 사물화와 독선, 맹신에서 오는 무지와 어리석음 그리고 둘을 합칠 때 생기는 '광신'의 피해를 우리는 너무나 잘 알고 있기 때문이다. 우리가 지상의 순례자로 있는 한, 신을 보일 듯 말듯 희미하게나마 볼 수 있다면 그것으로 족하지 않을까? 그 이상 더 무엇을 바라겠는가. 더 바라면 무리가 따르게 되고, 무리가 따르면 위험해진다.

신을 믿는다, 믿지 않는다는 말

신의 존재 여부에 선행해서 생각해 보아야 할 문제는 어떤 신을 두고 존재 여부를 논하는가이다. 신에 대한 관념이 너무나도 다양하기 때문이다. 신을 하늘에 있는 어떤 근엄한 할아버지 정도로 생각하거나 저 높은 곳에서 우리의 일거수일투족을 일일이 감시하다가 상벌을 내리는 하늘의 경찰관처럼 생각한다면, 그런 신은 당연히 존재하지 않는다.

사람들이 신에 대해 가지고 있는 관념은 실로 천차만별이라, 같은 그리스도교 신자라 해도 만 명이면 만 명이 모두 다른 신 관념을 가지고 살 것이다. 말로는 신이 오직 한 분뿐이라고 하지만, 실로 우리 마음에 존재하는 신은 무수할 것이다. 그런 신이 존재하든 안 하든 신자들은 각기 다른 신을 섬기고 있는 셈이다. 순수한 유일신신앙은 주장일 뿐이지, 실제로는 우리 모두 '다신숭배자'일지도 모른다. 다신숭배냐 유일신신앙이냐 하는 것은 단지 신의 숫자놀음이 아니다. 유일신을 믿는 신앙인은 항시 자신의 신관과 신앙을 점검하면서 끊임없이 자기 마음속에서 형성되고 있는 잘못된 신관, 즉 '우상'을 부수는 부단한 노력을 기울여야만 한다.

하지만 이런 부담은 유신론자들만 지는 것이 아니다. 책임 있는 무신론자들도 같은 부담을 질 수밖에 없다. 그가 어떤 신을 부정하는지에 대해 어느 정도라도 정확한 이해를 하고 있어야 의미 있는 무신론자가 될 수 있기 때문이다. 아무도 안 믿는 자기만의 자의적 신관을

상정하고서 스스로 무신론자를 자처한다면 우스꽝스러운 무신론자
가 되고 말 것이다.

유신론과 무신론의 구별은 절대적일 수 없고 유동적일 수밖에 없
다. 어떤 신을 긍정하고 어떤 신을 부정하는가에 대해 합의할 때만 의
미 있는 일이기 때문이다. 신을 부정하는 사람에게 "당신이 믿지 않는
다는 신이 도대체 어떤 존재인가?"라고 물으면 많은 사람, 특히 신학
자들은 "그런 신은 나도 안 믿는다"라고 대답하기 쉽다. 책임 있는 무
신론자, 의미 있는 무신론자가 되는 것도 공부를 필요로 하는 매우 어
려운 일임을 알 수 있다.

같은 맥락에서, 우리가 어떤 신관을 가지고 어떤 신을 믿느냐에 따
라 이 글 처음에 나열했던 신에 대한 많은 의문이 문제조차 되지 않을
수도 있다. 예를 들어 신정론神正論, theodicy의 문제, 즉 '전능하신 사랑의
하느님이 왜 선한 사람이 억울한 고통을 당하는데도 지켜만 보고 계
실까'라는 문제는 전통적인 그리스도교의 신관을 전제로 생긴 문제로
서, 예부터 수많은 신자를 괴롭혀 왔다. 하지만 신관에 따라서는 그것
이 별문제가 되지 않을 수도 있다. 가령 신은 인간 역사에 전혀 관심이
없고 관여하지도 않는다는 신관, 예컨대 '신은 질서 있는 세계를 창조
한 다음 더 이상 세상사에 관여하지 않는다'는 이신론理神論, deism, 혹은
신은 세계를 창조한 일이 없고 세계는 단지 우리의 무지로 인해 나타
나 보이는 환상에 지나지 않는다는 힌두교의 불이론적不二論的 베단타
Advaita Vedānta 철학의 신관 등은 신은 처음부터 악의 문제에서 배제된다.
악에 대해 책임질 필요가 전혀 없는 신을 믿기 때문이다. 아니, 참 신

은 우주 만물의 궁극적 실재이기는 하지만, 어떤 인격적 속성, 가령 의지나 감정 같은 것을 가지고 있는 실재가 아니기 때문이다. 따라서 신에게 책임을 묻는 일이나 신이 답을 해야 한다는 생각 자체가 무의미하고 불가능하다.

무신론과 유일신신앙은 동전의 양면

신화mythos에서 로고스logos로 결정적인 발을 내디딘 고대 그리스 철학자들은 더 이상 헤시오도스의 『신통기』나 호머의 서사시에 등장하는 신들을 믿을 수 없었다. 그들은 우리 인간들처럼 결혼도 하고 자식도 낳으며 툭하면 질투하고 싸우고 화를 내며 속이기를 일삼는 신들이었다. 그래서 우리 인간들보다 도덕적으로 열등한 존재들을 더 이상 신앙의 대상으로 삼을 수 없게 되었고 더 고차적인 형이상학적 신관을 제시하게 되었다. 다신신앙이 보편화된 문화에서는 엄격한 유일신신앙인은 무신론자로 간주 되기 쉽다. 사실 고대 로마 시대에 그리스도인들은 로마인들이 섬기는 신들을 부정했기 때문에 '무신론자'라는 비판과 함께 박해를 받았다. 자연과 인간의 삶에 밀접하게 연관되어 매우 친근하게 여겨졌던 각종 신을 그리스도인들이 창조주 하느님에 대한 신앙 때문에 부정하니까 당연히 그런 비판을 받을 수밖에 없었다.

그러나 다신숭배뿐 아니라 그리스도교의 성서적 신관, 즉 창조주 하느님을 믿는 유일신 인격신관도 철학자들에게 비판받아 왔다. 인간을 하느님의 모상으로 간주하는 성서적 인격신관의 본령은 하느님이 인간을 닮은 것이 아니라 인간이 하느님을 닮은 존엄한 존재라는 것이다. 하지만 인격신관은 자칫하면 하느님을 너무 저급하게 인간의 모습으로 그리기 쉽다. 인간의 온갖 욕망과 편견을 그대로 신에게 전이시키기 쉬운 신관이기 때문이다. 특히 구약성서를 읽어보면 다분히 그런 의심을 자아내는 이야기들이 허다하다. 그리스도인들은 구약성서를 어디까지나 신약성서의 빛 아래서 해석한다. 구약성서의 하느님을 신약성서에 나타나는 예수와 바울 같은 사람이 보여준 신관을 준거로 이해해야만 한다고 생각하기 때문이다.

그리스도교 신학은 한 걸음 더 나아가서 성서의 인격신관 전체를 그리스 철학의 형이상학적 신관과 접맥하여 이해해 왔다. 만약 그리스도교 초기의 교부들이나 성 아우구스티누스나 혹은 성 토마스 아퀴나스 같은 위대한 신학자들이 성서적 인격신관을 플라톤, 아리스토텔레스의 철학 사상과 접맥시켜 형이상학적 신관을 수립하지 않았다면, 그리스도교는 아마도 그리스·로마 세계에서 주류 종교가 되지 못했을 가능성이 매우 크다.

여하튼 유신론과 무신론에 대한 오늘날의 담론이 더 이상 다신교나 다령 숭배를 놓고 진행되지 않고 주로 그리스도교 신관을 배경으로 전개되는 것도 그리스도교의 유일신신앙이 그리스·로마 시대의 다신숭배를 철저히 몰아낸 결과다. 사실 다신숭배가 지배하는 문화에서는 그리스도교가 지배하는 서양문화에서 말하는 의미의 '무신론자'로 불릴 만한 사람은 별로 없다 해도 과언이 아니다. 역설적이지만,

현대적 의미의 무신론은 서양 그리스도교 세계에서 발생한 현상이라 해도 틀리지 않는다. 무신론과 그리스도교의 유일신관은 동전의 양면처럼 같이 가는 현상이다.

문자주의 신앙의 문제점

무신론과 유신론에 대한 담론에서 또 한 가지 중요한 점은 우리가 신에 대해 사용하는 언어의 성격을 어떻게 이해하는가 하는 문제다. 일반 신자들은 성서의 언어를 비롯한 신에 관한 언어를 모두 문자적으로 이해하는 경향이 강하지만, 근본주의 신학자들을 제외하고는 그렇게 보는 신학자들은 거의 없다. 우리가 사용하는 언어는 두말할 필요도 없이 이 세상 사물에 관한 것이기 때문에 그런 언어를 세계를 초월하는 실재인 하느님에게 문자 그대로 적용하는 것은 하느님을 유한한 사물로, 절대적 실재를 상대적 존재로 격하시키는 비신앙적 처사이기 때문이다.

하느님의 계시 말씀으로 간주하는 성서의 언어도 예외가 될 수 없다. 성서가 아무리 성령의 영감으로 쓰인 '하느님의 말씀'이라 해도, 그것이 인간이 사용하고 이해할 수 있는 언어로 주어진 것인 한 결코 문자 그대로 하느님의 말씀이 될 수는 없는 노릇이다. '하느님의 말씀'이라는 표현 자체가 이미 그런 문제를 안고 있다. 하느님이 마치 우리 인간들처럼 입을 가지고 말을 한다고 생각하지 않는 한, 하느님의 말씀이라는 개념 자체가 이미 문자적으로 취할 일이 아님은 자명하다.

    그렇다면 우리는 하느님이라는 초월적 실재에 대해 아무런 말도
할 수 없다는 것인가? 반드시 그렇지는 않다. 우리가 일단 우리가 사
용하는 언어를 신에 대해 사용할 때 세계 사물에 대해 말하는 것과 완
전히 동일한 의미로, 다시 말해서 문자적 의미로 사용하지만 않으면
된다. 그러면 우리는 어떤 의미로 신에 대해 말해야 하는가? 토마스
아퀴나스는 언어를 유비적_{類比的, analogical}으로 사용해야 한다고 말한다.
쉽게 말해, 신에 대해 말할 때는 언어를 상징적 혹은 메타포_{metaphor}로
사용하면 된다는 것이다. 가령 우리가 어떤 사람을 '곰'이라 부를 때,
그가 문자 그대로 곰이라고 생각하는 사람은 아무도 없다. 하지만 '곰'
이라는 말이 그 사람이 지닌 어떤 특징이나 성품을 다른 어떤 단어보
다 더 탁월하게 표현해주기 때문에 우리는 곰이라는 메타포를 사용한
다. 메타포나 상징이라고 해서 아무 소용없는 빈말에 지나지 않는다
고 주장할 사람은 없다. 오히려 메타포가 문자적 표현보다도 훨씬 더
그 사람의 특징을 잘 드러내 주는 면이 있으므로 우리는 그것을 계속
해서 사용하는 것이다.

    '하느님의 말씀'이라는 표현도 마찬가지다. '말씀'을 인간의 말에
빗대어 유비적 의미로 사용하면 된다. 하느님이 우리처럼 입을 가지
고 말하는 것은 아니지만, 신앙인들은 하느님에게 우리의 언어 행위
와 유사한 어떤 성품, 즉 자신의 뜻을 표현하고자 하는 의지가 있다고
믿기 때문에 '말씀'이라는 표현을 상징적으로 사용한다. 물론 하느님
에 대한 이러한 담론 자체가 이미 유비적이고 상징적이라는 사실은
두말할 필요가 없다. 결론적으로 우리는 '하느님의 말씀'이라는 개념

을 인간이 사용하는 말과 동일한 의미univocal가 아니고 그렇다고 전혀 다른 의미equivocal도 아닌 유비적 의미로 사용해야 한다는 것이다.

유비적이라 해도 신에 대해 이런저런 개념을 적용하는 것 자체가 신에 대해 한없이 부족하고 불경스럽게 느껴진다면, 신에 대해 아예 아무 말도 하지 않고 침묵을 지키는 편이 낫다거나 부정적 언사만을 사용하는 이른바 부정의 길via negativa을 택하는 편이 낫다고 여기는 사람도 있다. 즉, 신이 어떠어떠하다고 긍정적으로 말하는 대신 신이 어떠어떠하지 않다는 부정적 언사만을 사용하자는 것이다. 가령 신은 유한한 존재가 아니다, 형상을 가진 존재가 아니다, 물질적 존재가 아니라는 식의 표현이다. 더 나아가서, 신은 선하지 않다, 신은 존재가 아니라는 식의 부정적 표현들이다.

동서양을 막론하고 대체로 신비주의자들mystics은 초월적 실재, 무한한 실재, 절대적 실재를 가리키기 위해 이러한 부정의 길을 선호했다. 대표적인 예를 들면, 고대 힌두교 경전 우파니샤드에는 절대적 실재인 아트만 혹은 브라만에 대해 '~도 아니고 ~도 아니다neti-neti'라는 식의 유명한 구절이 나온다. 또 우리가 잘 아는 노자 『도덕경』의 첫 구절, "도라고 말할 수 있는 도는 늘 그러한 도가 아니다"라는 말도 부정의 길에 속하는 표현이며, 불교에서 즐겨 사용하는 '무無'라는 글자를 이용한 일련의 개념들, 가령 무아無我, 무자성無自性, 무상無相, 무념無念, 무언無言, 무심無心 등은 모두 이와 같은 부정적 표현에 속한다. 그리스도교 신비주의의 대가 마이스터 에크하르트는 하느님은 유有가 아니라 무無라고 했다. 그런가 하면 신에 대해서는 무지가 최고의 지식이라는 이른바 '무지의 지' 또는 '유식한 무지docta ignorantia'라는 역설적 표현 역시 신은 일반적 앎의 대상이 아니라는 부정신학theologia negativa에 기초한 말이다.

하지만 부정의 길만이 능사는 아니다. 부정의 길은 우리에게 인간의 지식을 뛰어넘는 고차원적 세계, 우리의 언어로는 말할 수 없는 불가언적 실재에 대해 함부로 떠들지 말라는 지혜의 경고를 담고 있지만, 신에 대해 부정적 언사만을 고집한다 해서 문제가 속 시원하게 풀리는 것도 아니다. 우선 신이 어떠어떠한 존재가 아니라는 것은 어떻게 아느냐는 반문이 생길 수 있다. 부정적 언사를 사용하는 사람은 이미 신이 어떤 존재라는 것, 가령 그가 적어도 물질적 존재는 아니라든지 세계 사물의 일부가 아니라든지 하는 것을 이미 알고 전제로 하기에 하는 말이 아니냐는 반론이다.

좀 극단적으로 말하면, 신은 모든 인식과 언어를 초월한다고 말하는 순간 이미 우리는 자기모순을 범하고 있다. 마치 누구의 충고도 듣지 말라는 충고처럼 '수행상의 자기모순'을 범하는 것이다. 이런 모순을 피하려면 차라리 처음부터 아무것도 모른다고 하든지, 아니면 아무 말도 하지 않고 침묵을 지키는 도리밖에 없다. 『유마경維摩經』의 유마거사가 문수보살과 불이不二의 진리에 대해 논하다가 자기 차례가 되자 '우뢰 같은 침묵'을 지켰다는 유명한 이야기는 그 전형적 예에 속한다.

없이 계시는 분

그렇다면 신의 존재 여부 질문을 받는다면 우리는 어떻게 대답해야 할까? 무조건 '존재한다'라고 답하는 것이 능사가 아니다. 우선 '존재'라는 말의 의미부터 물어야 한다. 그러면 우리는 하느님이 돌이나 풀, 우리 같은 인간처럼 존재하는 것이 아님을 곧 인정할 것이며, 그런 뜻에서라면 차라리 신이 존재가 아니라거나 존재하지 않는다고 하는 편이 더 나을지도 모른다. 그래서 신을 무無라 표현하기도 하는 것이다. 평생 하느님 신앙에 대해 골똘하게 생각하며 사신 다석 유영모가 하느님을 '없이 계시는 분'이라고 부른 것은 문자적 모순임에도 불구하고 누구보다도 하느님을 탁월하게 표현했다고 사람들은 감탄한다. 여하튼 하느님이 어떤 식으로든 '존재한다'라고 인정하지 않으면 안 되는 것이 신앙인 한, 신앙인들은 하느님에 대해 최소한 '존재'라는 개념만이라도 유비적으로 적용할 수밖에 없다. 토마스 아퀴나스도 다른 어떤 개념보다도 이 개념을 선호했고, 존재의 유비analogia entis를 그의 신학 방법론의 초석으로 삼았다.

존재라는 개념을 신에게 문자적으로 적용할 수 없다면, 우리는 초기불교에서 부처님이 대답하기를 거부한 14무기無記의 문제 가운데 가장 많은 논란을 불러일으킨 것, 즉 번뇌를 완전하게 제거했기에 더는 환생의 업을 짓지 않고 완전히 입적해 버린 여래, 세간을 완전히 초월하신 분이 사후에 존재하는지 하지 않는지 하는 문제에 대해서도 이와 유사한 관점을 적용할 수 있을 것이다. 부처님이 직접적인 대답을 거부하거나 피한 이유는 아무래도 열반(涅槃, Nirvana)이라는 초월적 경지에 대해 '있다 없다'고 하는 생각들을 함부로 적용하는 것 자체가 부적절함을 의식하셨기 때문이 아닐까 생각한다.

신은 눈에 보이는 존재자가 아니므로 신앙인들에게 피조물의 허무 속에서 자신의 '존재'를 간접적으로 드러낸다. 그리스도교 신학 전통에 따르면, 하느님은 피조물을 '무로부터 창조하셨다creatio ex nihilo'고 한다. 이것이 뜻하는 것 가운데 하나는 피조물은 허무에서 왔기 때문에 항시 허무의 그림자를 안고 존재한다는 것이다.

하느님이 '없이 계시는 분'이라면 피조물은 '있이 없는 것'이라 해도 좋을 것이다. 인생무상과 죽음을 통한 무와의 대면은 우리를 허무주의로 몰아갈 수도 있지만, 오히려 우리 자신이나 주위의 사물들이 덧없는 존재들임에도 불구하고 존재한다는 존재의 신비와 '은총'에 눈을 뜨게 해준다. 진공묘유(眞空妙有)의 놀라운 세계를 발견하도록 하는 것이다. 죽음은 이런 면에서 유한한 존재들에게 감추어진 축복이 될 수도 있다.

신은 상징이자 암호

지금까지 나는 말할 수 없는 신 자체에 대해서 '무엇을' 말할 수 있을까 하는 문제보다는 '어떻게' 신에 대해 말할 수 있을까 하는 문제, 즉 신에 대해 우리가 사용하는 언어의 성격에 대해 주로 말했다. 신이 누구인지 혹은 어떤 존재인지를 말하기보다는, 신에 대해 말을 한다는 것 자체가 쉬운 일이 아님을 지적하면서 간접적인 방식으로 신에 대해 무언가를 말했을지도 모르겠다. 복잡하게 생각할지 모르지만, 신은 눈에 보이는 사물이나 대상이 아니고 사람과 같은 존재도 아니므로 그럴 수밖에 없다. 신에 대한 모든 개념과 언어는 결국 암호이며 상징일 수밖에 없기 때문이다.

심지어 우리는 신God이라는 단어조차도 하나의 상징임을 기억할 필요가 있다. '신'은 보통명사지만 그 자체로는 별 내용이 없는 말이다. 그럼에도 우리가 어떤 의미를 담아 신이라는 말을 사용하는 것은 유대교, 그리스도교, 이슬람이라는 세 유일신신앙의 영향이 압도적이기 때문이다. 그렇다 해도 신이라는 말도 여전히 하나의 상징이며, '창조주'라는 개념처럼 어떤 내용을 담은 말은 아니다. 그래서 나는 '신의 암호'라는 말뿐 아니라 '신이라는 암호'라는 표현도 사용하는 것이다.

틸리히P. Tillich같은 현대 신학자는 신이라는 단어가 너무 흔하게 사용되어 현대인에게 거의 의미를 상실하게 되었다면서 '신'이라는 말 대신에 '궁극적 관심ultimate concern'이라는 단어를 사용하는 편이 더 좋겠다는 파격적인 제안을 했다. '궁극적 관심'이란 다른 어떤 사물이나 가치에 우선해서 우리의 최종적이고 궁극적인 관심과 사랑의 대상이 되는 지고의 선the highest good, summum bonum을 가리키는 말이다. 동시에 그런 관심과 사랑에 사로잡힌 우리의 마음 상태, 곧 신앙faith을 가리키는 말이기도 하다. 또, 틸리히는 신앙이라는 말 역시 너무 흔해서 현대인에게 거의 의미를 상실하게 되었다고 지적한다. 이러한 궁극적 관심이라는 말이 가진 이중성은 의도된 것이다. 신에 관한 한 주체와 객체가 분리되는 식의 인식은 성립되지 않기 때문이다.

틸리히는 좀 더 철학적으로 신을 존재의 근거·근저Ground of Being 혹은 존재 자체라고 부른다. 그에 따르면, 이 말은 하나의 상징어가 아니라 거의 문자적으로 취해도 되는 개념이다. 신에 대한 모든 언어가 상징이지만 '존재의 근거'라는 말만은 예외적으로 문자 그대로 이해해도 좋다는 것이다.

신 너머의 신

신이라는 말이 하나의 상징이고 암호임을 누구보다도 잘 알고 진지하게 받아들인 사람 가운데 하나는 중세 도미니코 수도회 신학자이며 신비가였던 마이스터 에크하르트였다. 그는 신Gott이라는 말과 신성神性, Gottheit이라는 말을 구별하기도 했다. 신성은 일체의 속성과 이름을 벗어버린 신 아닌 신, 삼위일체로 표현하는 일체의 개념의 옷을 완전히 벗어버린 신, 탈리히의 표현으로는 '신 너머의 신God beyond God'을 가리키는 말이다. 그러나 엄격하게 따지자면 이런 개념들 역시 신에 대한 암호들이다. 신에 대해서 말을 사용하는 한, 모두 암호일 수밖에 없기 때문이다. 그래서 무언의 침묵이 최고라고 하는 것이다. 아니, 침묵이야말로 최고의 암호일지도 모른다.

여하튼 우리는 동서고금을 통해 사용되어 온 신의 다양한 암호들을 알고 있다. 도道, 천天, 태극, 공空, 브라만Brahman 혹은 아트만Atman, 무無, 일자一者, 절대자, 무한자, 절대정신, 스스로 존재하는 자, 존재의 근거 혹은 존재 자체, 세계의 건축가 혹은 설계자, 창조주 같은 개념들이다. 철학자 칼 야스퍼스K. Jaspers에 따르면, 이런 개념들은 시대와 문화를 달리하여 인간에 의해 포착된 초월의 암호들이라고 한다.

야스퍼스는 '상징'보다 '암호'라는 말을 선호했다. 신의 암호들이든 혹은 신이라는 암호들이든, 실재 그 자체는 아니라는 것이다. 만약 누군가가 이 암호들 가운데 어느 하나가 존재 자체(중세 스콜라 철학·신학에서 선호하는 개념이지만)를 드러낸다고 주장하면, 다른 암호들을 배제하는 배타주의에 빠진다고 야스퍼스는 경고한다. 현대의 대표적인 종교다원주의 철학자 힉J. Hick도 이와 유사한 견해를 가지고 있다. 그에 의하면, 위 개념들은 신의 다양한 이름들로서 실재를 가리키는 개념들이지만, 모두 문화적 제약 속에 형성된 것들이다.

신의 암호, 어떻게 해독하나?

신의 암호든 신이라는 암호든, 암호란 해독을 위해 존재하며 해독을 해야만 의미가 있고 가치가 있다. 그러면 우리는 어떻게 이 암호들을 해독할 수 있을까. 일단 신과 가장 가깝게 지냈던 신의 친구들 혹은 신의 아들과 딸들이 가르쳐준 암호들, 즉 경전이든 어록이든 증언이든, 신의 암호를 해독해 가면서 조금씩 신이라는 신비에 다가갈 수밖에 없다. 경전공부, 영성의 고전 공부는 모두 이러한 해독작업이며 신학이나 형이상학은 보다 체계적이고 이론적인 해독작업이다. 암호가 암호이며 상징이 상징임을 잊지 않기 때문에 확신도 맹신도 경계하면서 기도와 명상을 소홀히 하지 않고 찬찬히 해독의 노력을 기울여 보는 길 외에 달리 방도가 없다. 투명한 거울 속 영상은 아니더라도 '희미하게'나마 신을 알기 바라면서 말이다.

신의 암호 혹은 신이라는 암호를 해독한다 해서 신에 대해 어떤 확실한 지식을 얻으려는 생각은 금물이다. 암호 너머로 무엇이 있는지, 어떤 세계가 열리는지 아무도 모른다. 안다 해도 말로 할 수 없으며, 영안이 특별히 밝았던 이전 사람들보다 더 잘 말해줄 사람도 별로 없다. 스스로 부딪혀볼 수밖에 없는 각 사람의 몫이다. '지식'은 여느 사물처럼 신을 물상화하고 대상화하기 쉬우므로 신에 관한 한 지식이란 있을 수 없다. 이러한 사실을 깨닫는 것 자체가 큰 지식이라면 지식이다. 해독의 목적은 신에 대해 어떤 구체적 정보를 얻으려는 데 있지 않다.

해독작업은 계속해서 또 다른 많은 암호를 산출할 것이며, 우리는 끊임없이 우상을 부수면서 상징을 통해 그리고 상징을 넘어, 초월적 실재로 다가갈 수밖에 없다. 그러다가 그것을 엿보거나 감지할 수 있다면 퍽 다행일 것이다. 신의 암호 해독은 불가능한 줄 알면서 하는 작업이다. 알 수 없는 것을 알려는 모순적 행위이기 때문이다.

신비주의자들은 신에 대해서는 무엇을 알았다고 하는 순간 모르는 것이 되고 만다고 경고한다. 무지가 최고의 지식이고, 침묵이 최고의 언어, 무신론이 최고의 유신론이 되는 역설이 성립하는 것이 신에 대한 앎이다. 학자들은 이런 무신론 아닌 무신론을 '신비주의적 무신론'이라고 부르기도 한다. 마이스터 에크하르트는 이런 경지를 두고 말하기를, '아무것도 알지 않고', '아무것도 원하지 않고', '아무것도 소유하지 않는' 텅 빈 마음의 가난이라고 했다. 여하튼 신이라는 암호해독은 언어와 무언, 상相과 무상無相의 끊임없는 상호부정의 교호작용과도 같다. 상과 언어는 스스로를 부정하고 초월하면서 무상과 침묵으로 이끌고, 침묵은 또다시 상과 언어를 낳는다.

가장 중요한 사실은 이 모든 일을 우리 인간이 하고 있다는 사실이다. 애당초 암호를 만든 것도 사람이고 그것을 해독할 수 있는 것도 사람이기 때문이다. 사람이 본래부터 신을 닮은 초월적 존재이기 때문에 이 모든 것이 가능한 것이다. 신은 인간을 매개로 자신을 알리며 세계는 인간을 매개로 신을 안다. 인간은 본래부터 영험하고 영명하고 신령스러운 존재다. 신과 교신하면서 초월의 신호를 수신할 수 있고 암호를 읽고 해독할 수 있는 존재가 인간이다. 아니, 인간 자체, 인간의 마음과 본성 자체가 신의 최고의 암호라고 영성의 대가들은 입을 모은다.

암호의 해독작업은 처음에는 암중모색처럼 느껴지지만 조금씩 의미가 통하는 기쁨도 안겨준다. 내공이 쌓여가는 가운데 운이 좋으면, 기연機緣이 무르익으면, 매우 드문 일이지만 활연관통豁然貫通하는 대박을 터뜨리는 사람도 있다. 신비주의자들은 이 '대박'을 절대와 상대, 신과 인간의 신비적 합일unio mystica의 경험이라 부른다. 이 합일의 체험은 언어와 문자를 초월하지만, 일단 언어화되면 또다시 암호가 되고 또다시 누군가의 해독을 기다린다.

존재하는 모든 것이 신의 암호

마지막으로 강조하고 싶은 것은 신의 암호가 반드시 개념이나 언어 문자일 필요가 없다는 사실이다. 종교의 언어는 말과 문자의 언어보다 훨씬 더 자유롭고 다양하고 풍부하다. 사실 대다수 신앙인은 복잡한 형이상학적 사변이나 정교한 교리보다는 시인들이 만들어낸 상징적 언어나 화가나 조각가의 작품, 몸의 언어인 춤이나 노래, 신들의 이야기를 담고 있는 신화나 신상, 혹은 장엄한 성전 앞에서 더 많은 것을 배우고 느낀다. 예배나 예불, 혹은 들꽃 한 송이, 나무 한 그루 그리고 어린아이의 해맑은 웃음과 성자들의 평화로운 얼굴에서 더 많은 영감을 받는다.

사실 깊은 영성의 소유자에게는 존재하는 모든 것이 신의 암호가 된다. 그래서 그들은 어디서나 신을 만난다. 종교는 철학이 아니며 뛰어난 신학자나 형이상학자가 반드시 경건한 신앙인은 아니다. 개념과 언어는 암호나 상징이 되기보다는 문자적으로 이해되기 쉬운 취약점을 가지고 있다. 문자사용이 소수의 전유물이었던 시대에는 신을 만나는 암호와 상징이 현대세계에서보다 훨씬 더 다양하고 풍부했다는 사실, 경전의 문자적 의미를 고집하는 근본주의가 놀랍게도 현대적 산물이라는 사실에 우리는 유의할 필요가 있다.

마음의 평화, 세상의 정의

• • •

    우리 사회에 '힐링'(치유)이라는 말이 유행하고 있다. 그만큼 사회 갈등이 심하고 사람들의 삶이 피곤하고 각박해졌기 때문일 것이다. 언제는 인생이 그렇지 않았는가 반문도 해보지만, 경제는 발전한다는데 삶은 점점 더 팍팍해지고 있다. 1970년대부터 1990년대까지는 온 나라가 민주 대 반민주, 노동 대 자본의 극심한 대립 가운데 최루탄 가스 냄새를 맡으면서 뜨거운 시절을 보냈다. 요즈음은 우리 사회의 양극화 문제가 심화하면서 사회정의에 관한 관심이 고조되고 있고 자연히 경제민주화와 복지가 주요 관심사로 부상했다. 지난 20~30년 우리 경제가 그런대로 잘나가고 있을 때 복지에 좀 더 투자했었더라면 좋았을 텐데, 지금 경제가 저성장기에 들어간 때 빈부격차와 복지 문제를 해결하려니 쉽지 않은 모양이다. 여하튼 지금 우리 사회의 관심은 경제는 성장에서 분배로, 정치는 갈등과 투쟁에서 대화와 타협으로, 대기업과 중소기업 그리고 노와 사도 상극보다는 상생으로 가야 한다는 것이 중론으로 자리 잡아가고 있다. 종교도 양적 성장에서 영적 성숙으로 바뀌고 있다. 아직도 우리 사회가 민주화와 인권, 복지와 환경·생태계 문제 등에서 갈 길이 멀지만, 최근에는 남과 북의 화해협력과 평화가 온 국민의 관심을 사로잡다시피 하고 있다.

어떻게 평화를 이룰 것인가?

국내외를 막론하고 현재 우리가 찾고 있는 것을 한 마디로 규정하자면 넓은 의미의 '평화'가 아닐까 생각한다. 내 안의 평화뿐 아니라 사회의 평화, 남북한의 평화, 세계 평화 그리고 인간의 탐욕으로 죽어가는 생명계와 인간의 평화다. 문제는 이 평화를 어떻게 이룰 수 있는가이다. 이에 대해 크게 두 가지 관점과 접근방식의 차이가 있다.

하나는 '평화는 나부터'라는 관점이고, 다른 하나는 '평화는 사회정의로부터'라는 관점이다. 전자는 자기 자신이 평화를 모르는데 어떻게 남을 평화롭게 하는 일에 나서겠냐면서 사회운동에 뛰어든 사람을 백안시하거나 조소하기도 한다. 반면에 후자는 사회란 개인의 도덕적 노력만으로는 해결하기 어려운 차원의 심각한 문제들을 안고 있으며, 정의가 없는 부조리한 사회에서 평화는 요원하며 어떤 개인도 도덕적으로 살기 어렵다면서 내면의 평화에 치중하는 사람들을 도피적이고 무책임하다고 매도한다.

극단적 입장을 취하는 사람을 제외한다면 아마도 대다수 사람은 이 두 관점이 대립적일 필요가 없고 그래서도 안 된다는 데 동의할 것이다. 사실 개인과 사회, 나의 내면과 바깥 세계가 별개이고, 확연하게 구별될 수 있는 것이 아니지만, 그래도 개인의 성향과 관심에 따라 문제를 보는 시각과 접근방법에 차이가 있고 상황에 따라 강조점이 달라질 수 있는 것이 사실이다. 우리 삶의 태도도 이 두 입장 혹은 관심 사이에서 우왕좌왕할 때가 많다.

시민운동이나 공익을 위해 헌신해 본 경험이 있는 사람치고 이 문제를 안고 고심해 보지 않은 사람은 별로 없을 것이다. 나 역시 이 문제를 단순히 관찰자적 입장이나 사회 평론적 관점에서 논하는 것이 아니라, 나 자신이 당면한 실존적 문제로 고심하고 있기에 이 글을 쓰고 있다.

현실도피도, 현실집착도 답이 아니다

이 문제는 내가 몇 년 전 강화도에서 심도학사라는 영성센터를 시작할 때부터 직면했던 문제다. 아니, 어쩌면 내 평생의 학문 인생과 신앙생활을 관통하고 있는 문제일지도 모른다. 두 가지 회의가 나를 괴롭혔고 지금도 나의 관심을 떠나지 않고 있다. 하나는 우선 내가 무슨 영성의 대가도 아니고 선사禪師나 구루Guru 같은 존재도 아닌데, 과연 영성센터 같은 것을 할 자격이 있는가 하는 나에 대한 회의였다. 내 안에 평화도 확고하지 못한 주제에 감히 누구에게 평화 영성을 말한다는 말인가 하는 양심의 문제였다.

또 하나의 문제는 설령 내가 영성센터를 열어 기도와 명상에 힘쓰고 찾아오는 이들에게 자기성찰과 휴식의 기회를 제공한다 해도, 이것이 세상의 고통에 눈을 감는 도피가 아닐까 하는 의구심이었다. 우리 사회가 안고 있는 수많은 문제를 외면한 채 조용한 곳에서 고전을 읽고 명상을 하는 일이 행여 팔자 좋은 몇 사람이나 하는 사치가 아닐지 하는 생각이 떠나지 않았고 지금도 이 문제는 여전히 중요한 관심사 가운데 하나다.

사실 이 문제는 종교는 '민중의 아편'이라고 비판한 마르크스 같은 사람에 의해 제기된 지 이미 오래다. 최근 나는 주로 한국 종교계를 염두에 두면서 종교와 영성을 차별화하는 글을 쓰고 있지만, 실은 두 개가 쉽게 분리될 수 없다는 사실을 너무나 잘 알고 있다. 종교든 영성이든 문제의 핵심은 우리가 추구하고 있는 영성이 어떤 성격의 영성, 좀 더 정확히 말해 세상, 세간, 사회, 역사 그리고 물질과 육체를 폄하하고 도외시하는 영성인지, 아니면 둘을 대립적으로 보지 않고 둘 다 변화시키려는 영성인지에 있다.

불행히도 마르크스가 접했던 '아편' 종교는 사회정의와 세상의 행복에는 눈을 감고 저세상의 행복에만 매달렸던 종교, 사람들로 하여금 부조리한 사회현실을 외면하고 하늘의 위로만 구하게 했던 그리스도교를 염두에 둔 것이었다. 사실 그리스도교 신앙에 이런 비판을 받을만한 소지가 충분히 있다는 점은 부정할 수 없다. 하지만 성서에는 마르크스 자신이 보여준 비판 정신의 원조와도 같은 정의의 예언자아모스, 거짓 평화를 폭로하고 기득권층을 신랄하게 고발하는 예레미야 같은 예언자도 있었다는 사실을 우리는 간과할 수 없다. 예수 자신도 이런 예언자들의 정신을 이어받은 사람이었으며, 그리스도교 2,000년 역사가 다분히 권력층의 양심을 무디고 편하게 해주는 역할을 한 것도 사실이지만, 힘없고 가난한 사람들을 위하는 데 전혀 무관심한 것도 아니었다.

1970~1980년대의 우리 사회만 해도 많은 신부님과 목사님들 그리고 수많은 청년이 신앙의 이름으로 인권과 사회정의를 위해 목숨을 걸고 투쟁한 일을 우리는 기억하고 있다. 물론 그렇지 않은 성직자들이 절대다수였지만, 그래도 소수의 양심적 민주 인사들과 정의에 목말라 했던 수많은 젊은이의 용기 덕분에 우리가 이 정도나마 민주화된 사회에 살게 되었다는 사실은 부정하기 어렵다.

마르크스의 종교비판은 비단 그리스도교에만 해당하는 것이 아니다. 모든 종교는 어떤 보이지 않는 실재, 우리가 살고 있는 현실 세계와는 다른 차원의 초월적 세계, 물질세계와 구별되는 영적 세계 그리고 현세 너머의 내세를 말하고 있다. 그렇지 않으면 종교가 아니다. 이렇게 보이지 않는 초월적 실재를 인정하는 것 자체가 그렇지 않은 입장에서 보면 아니, 그런 것은 없다고 단언하는 세속주의에서 보면 이미 세계 도피라면 도피다. 세계는 우리가 발을 딛고 사는 이 땅 하나밖에 없는데 종교는 하늘을 가리키고 있으며, 인생은 단 한 번만 사는 것인데 또 다른 삶이 있다고 말하며, 물질과 육체는 누가 보아도 엄청 중요한 것인데 보이지 않는 영적 실재나 영혼 같은 것이 더 중요하다고 하니 종교는 현실도피, 인간 소외, 심지어 성직자들의 사기극이라고 할 만도 하다. 하지만 종교는 본래 현실에서 도피하기 위해 생겨난 것이 아니라 현실의 괴로움을 너무나 잘 알기 때문에 생겨났다. 현실을 알지만, 현실만으로는 문제가 잘 안 풀리기에 초월적 세계에 눈을 떠서 그 시각에서 문제를 해결하려는 것이 종교다.

종교가 이렇게 초월적 세계를 추구하다 보니 알게 모르게 현실을 외면하거나 도피하는 결과를 초래하기도 하지만, 처음부터 현실을 도피하려고 하는 것은 아니다. 사람들이 너무나 현실에 집착해서 괴로워하기에 문제를 해결하려다 보니 종교가 종종 현실 자체를 무시하는 우를 범하게 되는 것이다. 물론 세속주의자들은 종교가 제시하는 문제의 진단과 처방 자체가 근본적으로 잘못되었다고 말하겠지만.

어떤 종교는 초월적 세계를 지나치게 강조하다 보니 우리가 사는 현실 세계나 물질계를 아예 탈출해야 할 감옥으로 간주하기도 했고 (靈知主義, Gnosticism), 심지어 아예 존재하지도 않는 환상으로 간주하기도 했다(不二論的 Vedānta 사상). 이런 세계관을 가진 종교가 사회와 역사의 문제에 별 관심이 없고 현실 도피적이 되는 것은 당연하다. 하지만 모든 종교가 다 그런 것이 아니며 항시 그런 것도 아니다. 종교는 아편일 수 있고 영성도 현실 도피적일 수 있다. 하지만 역설적이게도 현실을 폄하하고 초월만을 일방적으로 강조하는 종교일수록 실제로는 물질을 더 탐하고 세상 권력과 쉽게 타협하기도 한다. 이는 단순한 인간적 연약함이나 위선일 수도 있겠지만, 극단과 극단은 통하듯이 물질 자체를 악으로 간주하거나 현실 세계를 사탄의 왕국처럼 악

마시하는 태도와 물질에 대한 무비판적 집착 그리고 현실 세계와의 손쉬운 타협 사이에는 본질적 연관성이 존재할지도 모른다. 물질을 아예 무시하고 물질세계에 관심이 없는 종교는 물질세계에 대한 명확한 윤리적 원칙을 제시하고 규제하는 논리를 세우기 어렵기 때문이다. 설령 세운다 해도 어차피 허망한 세상에 관한 것이기 때문에 진지하게 대하기 어렵다.

그런가 하면, 현대종교는 현실도피와는 정반대로 때로는 지나치게 현실 문제에 집착하면서 마치 시민운동 단체나 여느 사회단체처럼 사회 문제에 전적으로 몰두하는 모습을 보이기도 한다. 이것도 종교의 바른 모습은 아니다. 초월적 시각을 상실한 종교는 더 이상 종교가 아니며, 현실을 도외시하는 종교 역시 현실을 변화시키고 구원하는 사명을 감당하기 어렵기 때문이다. 현실과 초월 중 어느 하나도 무시하지 않고 양자 간의 긴장을 유지하면서 매개하는 자세가 종교와 영성에 요구된다. 각 종교가 이를 어떻게 자체의 교리와 사상에서 구체화하는가는 물론 각 종교지도자들의 몫이다.

봉사와 섬김으로 나아가지 못하는 영성

중세 그리스도교에서는 주로 관상기도를 하는 관조적 삶vita con- templativa과 수도원이나 교회 행정을 비롯한 사회봉사를 중시하는 활동적 삶vita activa 가운데 어느 것이 더 우월하냐는 문제가 많은 논의의 대상이 되었다. 하나는 예수님의 말씀을 듣고자 그의 발치를 떠나지 않고 앉아 있었던 마리아의 자세로 대표되고, 다른 하나는 예수님을 접대하고자 부엌에서 바삐 움직였던 마르타의 행위로 대표되곤 했다. 내가 좋아하는 마이스터 에크하르트 같은 영성의 대가는 이런 논란이 근본적으로 부질없는 짓이라고 비판했다. 그에 따르면, 진정한 영성은 오히려 활동적 삶으로 이어지기 마련이며, 봉사와 섬김으로 나아가지 못하는 영성은 아직 성숙하지 못한 영성이라고 보았다. 그래서 그는 복음서에 나오는 마리아와 마르타의 이야기에 대한 유명한 설교에서 마리아가 마르타처럼 성과 속 이원론을 넘어서는 원숙한 영성의 경지에 아직 이르지 못했다는 이유로 예수님의 꾸중을 들었다고 파격적인 해석을 했다.

불교에서도 유사한 문제가 일찍부터 제기되었다. 대승불교는 출가승들이 사원에 안주하면서 자신들만의 수행과 학문에 집중하고 재가자들의 삶과 종교적 관심을 소홀히 했다는 비판 의식에서 시작되었다. 그래서 대승불교는 열반에 집착하는 아라한阿羅漢보다는 생사의 세계를 두려워하지 않고 중생 구제에 헌신하는 보살菩提薩陀을 불자들이 추구해야 한 이상적 인간상으로 제시했다. 보살은 생사의 세계와 완전히 차단된 열반이 아니라 생사에도 머물지 않고 열반에도 머물지 않는 무주처열반無住處涅槃을 추구한다.

대승불교도 여전히 소승 계율을 준수했기 때문에 일본의 몇 종파를 제외하고는 출가와 재가의 구별을 제도적으로 완전히 초월하지는 못했다. 하지만 제도할 중생이 단 하나라도 존재하는 한 결코 먼저 열반에 들지 않겠다는 보살 정신, 수행과 성불이 자신만을 위한 것이 아니라 모든 중생을 위한 것이라는 보살 정신은 출가와 재가를 막론하고 대승 불자들의 의식에 자리 잡고 있다.

흔히 대승의 정신을 상구보리_{上求菩提} 하화중생_{下化衆生}으로 요약하며, 보살은 지혜와 자비를 새의 양 날개 혹은 수레의 두 바퀴로 삼아서 사는 존재라고 한다. 우리나라 스님들 가운데는 선방이나 토굴에서 수행에 전념할 것인지, 아니면 절 운영에 관여하고 중생 교화에 힘쓸 것인지를 두고 고민하는 사람들이 적지 않은데, 아마도 불교가 심한 탄압을 받던 조선 시대에 스님들을 이판승_{理判僧}과 사판승_{事判僧}으로 구분하던 관습이 여전히 강하게 남아 있기 때문인 것 같다.

나부터 평화로워질 것인가, 세상을 먼저 이롭게 할 것인가?

평화는 먼저 자기 자신으로부터 시작해야 한다는 것은 자명하다. 자기 자신이 평화롭지 못하면서 평화운동을 한다는 것은 모순이고 사람들의 비웃음만 살 것이다. 평화운동을 하는 사람은 우선 그의 언행과 성품에서 평화로운 모습을 지녀야 한다. 아무리 분노할 만한 상황에 처한다 해도 평화운동을 하는 사람은 분노에 사로잡혀 날뛰거나 판단력을 상실한 채 불에 기름을 붓듯이 분노를 부추겨서도 안 된다. 이는 물론 평소의 수행과 수련 없이는 힘든 일이다. 증오는 더 큰 증오를 불러온다는 성인들의 말씀은 평화 운동가들이 좌우명으로 삼아야 할 영원한 진리다. 동양의 성인들과 달리 구약시대 예언자들의 정신과 전통을 이어받은 예수에게는 성전에서 장사하는 사람들을 몰아내는 '거룩한 분노'가 있었지만, 그는 결코 분노로 날뛰거나 누구를 증오하지는 않았다. 원수까지 사랑하라고 했고, 자신을 십자가에 못 박는 사람들의 용서를 구하면서 운명했다.

'수신제가치국평천하'라는 『대학』의 구절은 누구나 한 번쯤 들어본 말이다. 여기서 주목할 점은 유학이 자기 자신을 닦는 수신修身, 修己을 근본本으로 삼았고 가정과 나라를 다스리고齊家治國平天下 사람들을 편안하게 하는 일安人을 부차적인 것末으로 여겼다는 사실이다. 나는 이것이 유교 전통이 강한 우리 사회가 포기할 수 없는 항구 불변의 진리라고 생각한다. 자기 자신도 다스리지 못하는 사람이 남을 다스린다는 것은 있을 수 없기 때문이다. 따라서 유학에서는 불교와 마찬가지로 공부하고 학문을 한다는 것은 우선 자기 자신의 마음을 다스리고 인격을 완성하는 마음공부였다. 사실, 영성가들은 자기 마음을 다스리는 것이 천하를 다스리는 것보다 더 힘들다고 공통으로 증언한다.

"옛날 배우는 사람들은 자기 자신을 위했지만, 오늘날 배우는 사람들은 다른 사람을 위해 한다"는 공자님의 말씀은 공부는 근본적으로 자기 자신을 위한 배움爲己之學이어야 한다면서 남을 위한 배움爲人之學과 구별했다. 정자程子는 이를 두고 말하기를 "옛 학자들은 자기 자신을 위했지만, 마침내 만물(혹은 만인)을 완성하는 데 이르렀고, 오늘날의 학자들은 다른 사람을 위한다지만 결국은 자기 자신을 상실하는데 이르고 만다"라고 꼬집었다.

위기지학은 자기 자신의 문제부터 고민하면서 시작하는 진실한 공부, '실존적' 공부여야 한다. 그러나, 남을 위한다지만 실은 남을 의식하고 보이기 위해 하는 위선적 학문이 되기 쉬우므로 명리를 추구하며 세상을 이롭게 하기는커녕 참된 자기를 상실하게 된다는 날카로운 지적이다.

하지만 결코 위인지학이 필요 없다는 말이 아니다. 인간의 뿌리 깊은 이기심을 고려할 때 위기지학이 없는 위인지학은 자칫하면 허위가 된다는 경고이지, 위인지학 자체가 나쁘다는 말은 아닐 것이다. 유교에서 학문의 목적은 어디까지나 수기修己를 통해 안인安人을 이루려는 데 있기 때문이다.

사실 유교는 항시 이 점을 강조하면서 스스로를 불교와 차별화했다. 사회과학이 발달한 오늘의 관점에서 보면, 위인지학의 중요성은 더욱 강조될 수밖에 없다. 개인의 인격이 도덕성과 영성을 통해 완성된다 해서 반드시 사회가 달라지는 것은 아니다. 나 자신이 세상을 혼탁하게 하는 데 일조하지 않고 도덕적 감화력을 통해 다른 사람들의 삶에 크고 작은 영향을 준다 해도, 사회 부조리는 개인의 도덕적, 영적 차원을 넘어서는 성격을 지니고 있으며, 개개인의 인격이 성숙해지기를 기다리기에는 너무나 크고 심각하기 때문이다. 정치가 아무리 더럽다 해도 우리가 정치를 무시할 수 없는 이유도 바로 여기에 있다.

의식의 변화만으로는 부족하다

나는 정치가 가치를 실현하는 가장 강력한 도구일 수 있다고 믿는다. 오바마 행정부가 전력을 기울여 보수적인 공화당의 저지를 극복하고 의료보험이 없던 약 4,000만 명에 이르는 미국인들이 혜택을 누리도록 하는 입법에 성공한 것이 좋은 예이다. 선진국이라지만 가난한 사람들에게는 우리나라보다도 열악한 의료 서비스 때문에 세계의 조롱을 샀던 미국이 이제 간신히 체면을 지키게 되었다. 또 우리 정치가 산업화와 민주화 단계를 지나 이제 복지 문제를 심각하게 고민하는 단계에 들어가게 된 것도 고무적인 일이다. 경제가 좀 잘나갈 때부터 진작 복지에 신경을 썼더라면 하는 아쉬움이 있지만, 이제부터라도 우리 사회가 빈부격차의 문제에 본격적으로 눈을 돌릴 때가 되었다. 오바마라는 한 지도자의 집념이나 마르틴 루터 킹 목사 같은 사람이 주도한 비폭력 인권운동을 보면서 우리는 개인의 도덕성과 강한 신념이 얼마나 큰일을 이룩할 수 있는지 알게 되지만, 도덕성이 입법화되지 않고 제도화되지 않는 한 실질적 영향은 극히 제한적일 수밖에 없다.

개인의 노력과 사회제도의 개혁은 결코 배타적 선택의 문제가 아니다. 사람들 모두가 성자가 아닌 이상, 사회제도와 시스템이 불합리한 경우에는 선량한 사람도 도덕적으로 살기 어렵고 위선을 피하기 어렵게 된다. 불과 몇 해 전까지만 해도 우리 사회의 고질적 병이었던 부동산 투기가 기승을 부렸고, 최근(2018년 9월 초)에 또 투기라는 망국병이 다시 유행하고 있다는 매스컴의 보도도 있다. 투기로 이익을 볼 수 있는 사회에서는 투기하지 않으면 상대적으로 손해를 볼 수밖에 없다. 아무리 부동산투기가 망국병이라 외쳐대도 투기하지 않을 사람은 할 수 없는 처지에 있는 사람들을 빼놓고는 극소수에 불과할 것이다. 해서는 안 된다고 생각하는 사람도 자기가 하면 '투자,' 남이 하면 '투기'라고 자기를 정당화하면서 한다. 결국, 손해를 보는 사람은 투자할 돈이 없는 가난한 사람들이거나 혹은 시기를 놓치고 막차를 탄 사람들뿐이다. 무엇보다도 사회 전체의 이익을 위해 사용되어야 할 재화가 백해무익한 일에 사용된다는 사실을 뻔히 알면서도, 이 문제 하나 제대로 해결 못 하는 우리 정치권이 원망스럽다.

평화는 나부터 시작해야 하고 공부도 먼저 나 자신을 위해 해야 한다는 데 이의를 제기할 사람은 없겠지만, 내가 도덕적으로 산다고 해서 사회가 도덕적이 되는 것은 아니다. 요즘처럼 사회가 복잡다단해지고 국제화된 시대에는 인문학 못지않게 사회과학적 위인지학이 절대적으로 필요하다. 불합리한 사회제도의 개혁을 위해서는 사회가 어떻게 작동하는지 날카로운 분석과 투명한 인식을 제공할 수 있는 현대적 위인지학이 필요한 것이다. 그러나 학문만으로는 부족하다. 평화를 만들기 위한 집단적이고 조직적인 운동 없이는 사회가 좀처럼 변하지 않기 때문이다.

개인의 도덕성이 사회를 변화시키는 데 한계가 있듯이, 개인의 영성이 지닌 한계 또한 분명하다. 영적 인간이 누리는 개인의 평화와 세상의 평화는 다른 차원에 속한다. 참나의 실현을 강조하는 수행자들 가운데는 참나를 실현하기만 하면, 깨닫기만 하면, 모든 문제가 일거에 해결된다는 식의 생각을 하는 사람들이 많다. 참나의 실현은 물론 중요하고 평화는 개인들의 영적 각성에서 시작되어야 한다. 그러나 나는 '깨달음 지상주의'나 '깨달음 만능주의'에는 동의할 수 없다. 전자는 '사랑'의 실천 앞에 길을 내주어야 하며, 후자는 함께 살아가는 수많은 인간의 고통 앞에 힘없이 무너질 수밖에 없다. 덕성과 영성을 두루 갖춘 사람이라도 여전히 사회정의를 세우고 세상의 평화를 실현하려는 별도의 결단과 훈련, 실천이 필요하다.

참나의 실현은 물론 사회적, 우주적, 신적 차원을 가지고 있다. 참나는 단지 개인의 개별적 자아가 아니라 모든 인간의 보편적 인간성이며 나아가서 우주적 자아, 신적 자아이다. 이런 참나를 깨닫는 자는 좁은 이기적 자아ego, self에 갇힐 수 없다. 그에게는 나와 너, 나와 사회, 내면과 외부세계, 인간과 자연, 신과 인간의 경계가 무너진다. 따라서 그는 언제 어디서 누구를 만나든 자신과 똑같이 평등한 자아, 보편적 자아를 보며, 인간뿐 아니라 모든 생명체에서 존재와 생명의 근거·근원인 신의 현현과 현존을 본다. 『바가바드 기타』의 표현대로, 자아 (참나: ātman, Self)에서 모든 것을 보며 모든 것에서 자아를 보는 것이다. 이러한 영적 보편주의는 모든 인간의 존엄성을 보는 도덕적 평등주의의 기초가 되어 사회적 관심과 실천으로 이어질 수 있으며, 나아가서 모든 생명을 품는 생태학적 영성의 토대도 될 수 있다. 그렇다. 자신의 정신적 혁명과 의식의 변화는 모든 사회적 관심, 생태학적 관심의 출발점이다.

하지만 의식의 변화는 어디까지나 한 개인의 변화일 뿐이라는 사실을 간과할 수 없다. 사회변화는 인간과 사물을 대하는 의식의 변화만으로는 부족하고, 사회적 실천이 따라야만 한다. 진정한 영성이 사회적 실천으로 이어지려면 도덕적 결단과 실천적 의지와 행동이 필요할 뿐 아니라, 사회가 어떻게 돌아가는지를 아는 지식도 필수적이다. 참나의 자각 자체가 사회적 실천은 아니며 나의 변화 자체가 사회의 변화가 아니기 때문이다. 참나, 우주적 자아, 신적 자아를 실현한 사람에게 일체의 장벽과 차별이 사라진다 해도, 이는 어디까지나 그의 마음 안에서 일어나는 의식과 생각의 변화일 뿐, 사회가 변하고 정치가 변하는 것은 아니다. 내 마음 밖에 엄존하는 사회의 변화는 다른 차원의 문제이기 때문이다.

사실 우리는 나와 너, 나와 사회가 별개가 아님을 깨닫기 위해 굳이 종교적 깨달음까지 거론할 필요가 없다. 사회와 고립된 자아란 실제 어디에도 존재하지 않는다. 나 속에 이미 사회가 들어와 있고, 사회 없이는 나의 그 어떤 것도(나의 몸, 재산, 학식, 명예, 성공, 행복은 물론이고 나의 생각, 언어, 행위 등) 가능한 것이 없기 때문이다. 또 나의 내면세계가 외부세계와 단절되어 따로 노는 것도 아니다. 하지만, 이런 사실을 깨닫고 인정해도 나의 행복이 사회의 행복이 되지는 않는다. 나와 사회가 불가분적임을 아는 자각이 자기를 넘어 사회변화를 위한 실천의 동기를 제공할 수는 있겠지만, 동기가 행위는 아니고 의식의 변화가 사회의 변화는 아니다. 사회정의를 위한 실천이 더해지지 않는 한, 나의 행복과 평화는 나만의 것으로 남을 것이며, 세상은 별로 변하지 않는다.

왜 도덕적으로 살아야 하나?

사회적 관심과 실천을 접고서 나 혼자 평화롭게 살기는 그다지 어려운 일이 아니다. 굳이 어려운 명상이나 무슨 심오한 영성이 필요한 것도 아니다. 몸에 큰 병 없고 먹고 살 만한 최소한의 수입 그리고 어리석은 과도한 욕망을 자제할 만한 약간의 지혜와 외롭지 않을 정도의 말동무 몇이 있으면 누구나 행복하게 살 수 있다. 굳이 남의 행복까지 걱정하면서 스스로를 괴롭힐 이유가 무엇인가? 텔레비전은 재미있는 프로그램만 골라 보고 뉴스는 되도록 보지 않고 사는 것도 한 방법이다. 실제로 그렇게 사는 사람이 우리 주위에 적지 않다. 더욱이, 한때는 사회운동에 몸을 던졌다가 쓴맛 단맛 다 보고 인간과 사회에 환멸을 느껴 시골로 낙향해서 텃밭을 가꾸며 사는 사람도 제법 있다. 눈도 귀도 다 막고 살기로 단단히 결심한 사람들이다.

특별히 어떤 계기가 있었던 것도 아닌데 나는 대학 시절부터 인간은 왜 도덕적으로 살아야만 하는가 하는 문제에 많은 관심을 가지게 되었다. 지금까지도 나는 이 문제를 화두처럼 놓지 못하고 살고 있다. 지금도 이 문제에 대해 시원하게 답할 자신은 없다. 왜 내가 그런 문제에 집착하게 되었는지는 잘 알 수 없지만, 아마도 어려서부터 목사님들의 도덕적 설교를 너무나 많이 들었고 인간의 죄에 대해 지겨울 정도로 들었기 때문이 아닐까 생각해 본다. 그러다가 머리가 좀 커지면서 인생의 도덕적 부조리에 민감해지면서 문제의식이 더 커졌기 때문일 수도 있다.

여하튼 "신이 존재하지 않는다면 모든 것이 허용된다"라는 도스토예프스키의 말이 내 뇌리에 강하게 꽂히면서 그 후로 나에게 일종의 화두처럼 되었다. 나는 이 말을 신을 믿지 않는 사람은 선악을 모른다든지 비도덕적으로 산다는 유치한 말이 아니라, 신이 존재하지 않는다면 도덕이란 것이 객관적 토대를 상실하고 순전히 우리들의 주관적 감정이나 자의적인 호불호의 문제로 전락하는 것을 피하기 어렵다는 것, 따라서 도덕적 허무주의로 이어질 수밖에 없다는 것을 경고하는 말로 이해했다.

물론 신을 믿지 않고 모든 것이 허용된다고 생각하는 사람일지라도 사회규범을 마구 어기고 선악에 전혀 구애받지 않고 살기는 실제로 어렵기 때문에, 그렇게 사는 사람은 많지 않을 것이다. 하지만 감옥에 가지 않을 정도로 '영리하게' 악하게 살고 남이 보기에 적당히 착하게 사는 사람은 제법 많이 있을 것이다. 이런 사람에게 왜 우리가 자기를 희생하면서까지 도덕적으로 살아야만 하는지를 이성적으로 설득하기란 결코 쉬운 일이 아니다.

내가 아는 한, 가장 숭고한 설득은 선한 삶은 그 자체가 보상 즉 행복한 삶이고, 악한 삶은 그 자체가 징벌이며 불행한 삶이라는 논리다. 하지만 악한 사람은 이를 인정하지 않을 것이고 아랑곳하지도, 두려워하지도 않는다는 것이 문제다. 또 옳은 일을 하다가 감당하기 어려운 고난에 처하는 사람에게는 설득력이 떨어진다. 안빈낙도安貧樂道하는 삶 정도라면 모르지만, 고문까지 당하면서 행복하다고 생각하는 사람이 정말 있을까?

가장 설득력 없고 저급하지만, 매우 흔하게 듣는 논리는 이른바 '현명한 이기주의'에 호소하는 길이다. 사회가 잘되어야 나도 잘된다는 식의 논리로서, 나와 내 가족만 생각하는 이기적 삶은 결국 부메랑이 되어 나 자신에게 돌아와서 해가 된다는 것이다. 도덕적으로 살면 나도 좋고 사회도 좋다는, 그야말로 누이 좋고 매부 좋다는 식의 설득이다. 사회 걱정을 한다는 인사들 가운데 이런 현명한 이기주의에 호소하는 도덕주의자들이 제법 많다. 그러나 아무리 '현명한' 이기주의라 한들, 이렇게 이기심에 호소하는 타산적 논리가 과연 사람들의 마음을 얼마나 움직일 수 있을지 의문이다. 우선 사회가 나빠져서 나에게까지 화가 미치는 것은 나중 일이고 내가 당장 이득을 보는데 그런 논리가 얼마나 통할 수 있을지 의문이다. 또 적당히 착한 척 살고 적당히 악과 타협하며 살자는 논리 앞에서 현명한 이기주의는 무력하기 짝이 없다. 인간을 몰라도 한참 모르는 얄팍한 논리로 보인다.

　　나에게는 인간의 이기심利에 호소하는 '도덕 아닌 도덕'보다는 차라리 의義를 인간 본성에 호소하는 유교 윤리가 더 호소력이 있다. 또 자기가 손해를 봐도 단지 의무이기 때문에 해야만 한다는 칸트식 의무의 윤리가 지키기 어려워도 얄팍한 타산적 윤리보다는 더 설득력 있게 들린다. 나는 이런저런 생각 끝에, 결국 인간에게 착하게 살도록 근거와 동기를 제공하는 힘은 종교적 신앙일 수밖에 없다는 결론에 도달했으며, 지금도 이 생각에 큰 변화는 없다. 휴머니스트들은 이러한 생각이 인간으로서 성숙하지 못한 견해라고 여길지 모르나, 나에게는 공허한 휴머니즘을 외치며 인간다운 삶을 강조하는 것이 더 비

현실적이고 설득력이 떨어진다.

종교가 도덕의 토대일 수밖에 없다는 것은 천당, 지옥 같은 사후의 상벌에 대한 믿음이 도덕적 삶에 필수적이라고 생각하기 때문이 아니다. 이것은 현명한 이기주의처럼 또 하나의 타산적 윤리에 지나지 않는다. 무엇보다도 도덕질서나 가치가 객관적 토대가 있어야 한다. 그것이 인간의 타고나 본성이든 성스러운 신의 뜻이든 혹은 자연 세계의 질서라고 믿는 자연법사상이든, 또는 불교의 업보에 대한 믿음이나 성리학의 도덕적 형이상학에 근거한 것이든, 도덕을 단지 인간의 필요에 따른 합의나 사회적 산물 정도로 여기는 것은 모두 도덕 상대주의나 허무주의를 면하기 어렵고 결국은 도덕을 무력화시키게 된다. 나는 도덕이 어떤 '존재론적' 기반을 지녀야 한다고 믿으며, 그런 것이 없다면 도덕은 결국 무너질 수밖에 없다고 생각한다. 이런 의미에서 나는 여전히 고전적 도덕실재론자에 속한다. 그래서 종교와 도덕의 관계는 지금도 나를 붙잡고 있는 중요한 관심사 가운데 하나다.

더 선한 것, 덜 악한 것을 찾는 부단한 노력

선악의 구별을 가벼이 여기는 종교는 위험하며 사회정의를 외면하는 영성도 무책임하다. 깨달으면 '선도 없고 악도 없는 선악의 피안'에 이른다는 생각 역시 위험한 발상이다. 마음으로, 관념으로 그렇게 생각할 수 있을지는 몰라도, 현실은 현실이다. 물론 종교가 종교인 한, 현실 세계에서 일어나고 있는 선악의 대립을 그대로 절대화하지는 않는다. 그렇다고 이것도 좋고 저것도 좋다는 식의 양비론에 빠져도 곤란하다. 더 선한 것, 혹은 덜 악한 것을 식별하는 부단한 노력이 필요하다. 적어도 깨달음을 얻기 전 만이라도 선악의 문제를 가지고 치열하게 씨름해야 하며, 깨달은 사람일지라도 세상·세간에 빚을 지고 사는 한 선악의 문제는 피할 수 없고 피해서도 안 된다.

유대교, 그리스도교, 이슬람같이 인격적 하느님을 믿는 종교에서는 하느님이 악을 미워하고 선을 좋아하는 분이라고 믿는다. 그러나 우리가 경계해야 할 점은 내가 좋아하는 선이 하느님의 선이고 내가 미워하는 악이 하느님의 악이라고 속단하는 일이다. 이것은 자기비판과 자기반성을 모르는 위험한 발상이고 성숙한 윤리와 겸손한 신앙이 아니다. 예수는 스스로 의롭다고 생각하는 사람들이 얼굴도 제대로 들고 다니지 못했던 '죄인들'보다 하느님으로부터 더 멀다고 말씀하셨다. 예수가 감동적으로 보여준 하느님의 무조건적 사랑과 은총의 세계는 인간의 경직된 도덕주의를 무력화시킨다. 예수는 또 하느님은 선한 사람 악한 사람을 가리지 않고 햇빛을 비춰주고 비를 내려주신다고 말씀하셨고, 하늘 아버지가 완전하신 것같이 우리도 완전해야 한다고 말씀하셨다. 나는 이 말을 이기적이고 독단적인 도덕주의에 대한 경계로 이해한다.

선악의 구별이 하느님의 뜻이라고 믿는다 해도, 그래서 끝까지 악을 미워하며 저항하고 악에 대한 경계심을 늦추지 않는다 해도, 내가 판단하는 선악의 개념이 하느님이 뜻하는 선악이 아닐 수도 있다는 겸손한 자기반성과 자기비판의 공간은 늘 남아 있어야만 한다. 이것이 경직된 도덕주의가 지닌 문제로부터 자유로울 수 있는 길이고 성숙한 도덕적 자세다. 또 사회정의가 아무리 하느님의 뜻이라고 생각해도, 구체적으로 어떻게 하는 것이 사회정의를 이루는 길인가에 대해서도 독단과 교만은 경계해야 한다. 자기가 생각하는 방법만이 옳다고 고집하는 것 역시 겸손한 자세는 아닐 것이다.

다시 평화 만들기 문제로 돌아가 보자. 유교에서 수기修己와 안인安人이 반드시 같이 가야 하듯이, 불교도 지혜와 자비는 불가분적이고 반드시 같이 가야만 한다고 가르친다. 어리석음으로 나와 남을 가르는 아집에 사로잡혀 있는 한, 우리에게 남을 위한 관심과 동체대비는 생기기 어려울 것이다. 하지만 사람들의 무지를 깨우쳐주는 일과 사람들의 고통을 제거해주는 구체적 자비행을 우리는 구별할 필요가 있다. 지혜는 앎의 문제지만 사랑과 자비는 의지와 감정이 개입되기 때문이다. 지혜는 자칫 관념만으로 머물기 쉽지만, 사랑과 자비는 구체적 실천행으로 나타나지 않는 한, 없는 것이나 마찬가지기 때문이다.

지혜와 의지, 앎과 행동이 완전히 따로 노는 것은 아니지만, 지혜가 훈련이 필요하듯이 자비행도 의지의 결단과 실천의 훈련이 필요하다. 개인 인격의 변화도 갑작스러운 깨달음頓悟만으로는 안 되고 점차 닦아나가는 부단한 노력漸修이 필요한데, 하물며 사회를 변화시키려는 노력과 활동이야 말할 것 있겠는가. 중생의 무지를 깨우쳐주는 일과 사회적 약자의 눈물을 닦아주는 평화 만들기는 아무래도 차원이 다른 문제일 것 같다.

같은 맥락에서 절에서 생활하시는 스님들이 흔히 "나 자신의 문제도 급한데 사회에 나가서 남을 돌볼 자격이나 여유가 어디 있는가?" 하면서 선 자기완성, 후 자비행을 옹호하는 논리를 펼 때, 쉽게 납득하기 어렵다. 자기완성은 이만하면 되었다고 할 수 없는 끝없는 과정이다. 언제 자비행을 하겠다는 말인가? 그뿐 아니라 둘은 상승 작용을 일으키기 때문에 결코 선후를 구별할 문제가 아니다. 자기완성과 자비는 언제나 부족하기 마련이고 훈련이 필요하다.

나와 세상을 변화시키는 힘, 사랑과 자비

'평화 되기'와 '평화 만들기'가 함께 갈 수밖에 없는 이유는 '평화 되기' 자체가 사랑과 별개의 것일 수 없기 때문이다. 각고의 수행을 통해 내적 평화를 이루었다는 사람이 남에 대한 사랑이 없고 남의 고통을 외면한다면, 우리는 그의 영적 수준을 의심할 수밖에 없다. 솔직히 말해서 그런 평화는 준다고 해도 사양하고 싶은 마음이 들 것이다. 가짜 수행, 거짓 평화라는 생각을 떨치기 어렵기 때문이다. 인식의 변화를 넘어 참으로 자기를 변화시키고 세상도 변화시키는 힘은 사랑과 자비 외에 아무것도 없다. 수행해도 자기만족에 머물게 하고 자만심만 강화한다면 무슨 소용이 있겠는가? 명상이나 고행이 자기를 벗어나 남을 위해 헌신하려는 사랑의 마음과 실천의 의지를 만들어내지 못한다면, 그런 수행은 해서 무엇할까 하는 생각이 든다. 제아무리 심오한 진리를 깨달았다 한들, 그야말로 온 우주 만물과 하나가 되고 하느님과 하나 되는 경지에 든다 한들, 배고픔에 눈물마저 말라버린 한 어린아이에게 빵 한 조각이라도 준 일이 없다면, 누가 그런 사람을 존경하겠는가?

　문제는 우리가 사랑을 너무 개인적 차원으로 생각하는 데 있다. 사랑이 개인적 차원에만 머문다면 평화 만들기는 소극적으로 될 수밖에 없다. 사람들은 흔히 사랑과 정의가 상충하는 것으로 생각한다. 사랑은 따뜻하고 정의는 차갑다고 생각하며, 사랑은 용서하고 감싸주는 것이라 여기고 정의는 투쟁적이라고 생각하기 쉽기 때문이다. 하지만 정의란 다수를 위한 사랑이다. 오히려 진짜 사랑, 왼손이 하는 일을 오른손이 모르게 하는 순수한 사랑이다. 불교에서 말하는 '베품 없는 베품無住相布施'이야말로 사회정의를 위한 제도 개혁을 통해서 이루어지는 순수한 사랑이다. 사회정의를 통한 사랑은 누가 도움을 주었는지 알 수 없는 순수한 사랑, 받는 자를 비굴하게 하지 않는 건강한 사랑일 수 있기 때문이다.

자기 비움 없이 하느님께 나아가는 것은 위험하다

　평화 되기와 평화 만들기는 둘 다 필요하지만 동시에 추구하는 일은 불가능에 가깝다고 느낄 정도로 어려운 일이다. 그래서 우리는 종종 그중 하나만 선택하려는 유혹에 빠진다. 하지만 아무리 어려워도 둘은 반드시 같이 가야 한다. 사회정의를 외면한 영성은 도피적 영성이 되기 쉽고 또 다른 형태의 이기적 삶으로 변질되고 만다. 자기성찰의 지혜와 겸손 없이 사회를 위한답시고 함부로 날뛰는 사람도 문제지만, 뻔히 남의 도움으로 살면서도 세상을 등지고 홀로 깨끗이 산다고 착각하는 사람도 곤란하다.

사람은 아무리 혼자 있어도 사회를 벗어날 수 없다. 목숨을 부지하기 위해서라도 그렇고, 홀로 묵언 수행을 한다 해도 아예 생각이란 것을 하지 않으면 모르지만 이미 우리의 언어 속에 들어와 있는 사회성을 피할 길 없다. 생각이란 혼자서 하는 말이다. 설사 아무리 홀로 깊은 체험을 하고 심오한 진리를 깨달았다 한들, 남에게 전할 수 없는 것이라면 무슨 의미가 있을까.

불교에서는 그런 사람을 독각승獨覺乘이라 해서 성문승聲聞乘이나 보살승보다 훨씬 낮게 친다. 반면에 도덕성을 겸비하지 못한 사회운동가는 운동에 누가 되고 운동을 망치기 쉽다. 그뿐 아니라 자기도 쉽게 지치고 심성이 피폐하게 된다. 마음이 순수하지 못하고 야심으로 가득 찬 사람이 사회를 위해 아무리 좋은 일을 한다 한들 일이 제대로 될 리 만무하다. 또 자칫하면 한풀이식 운동이 되기 쉽다.

사회운동 하는 사람만 자기성찰과 성숙한 인격이 필요한 것이 아니다. '수신제가'라는 말을 들을 때마다 자식을 키워본 사람은 마음이 뜨끔함을 느낀다. 부모 노릇 제대로 하기가 얼마나 어려운지 부모 된 사람들은 너무나 잘 알고 있기 때문이다. 한 가정을 평화롭게 하는 일도 그렇게 어려운데, 하물며 사회운동이야 말할 것 있겠는가. 또 항시 좋은 얘기 많이 하는 종교지도자들이나 성직자들은 어떤가. 자기 비움 없이 하느님께 나아가고 하느님을 들먹이는 일은 쉽지만, 매우 위험한 일이다. 진정으로 세간을 포기할 마음 없이 출가하는 사람이 있다면 자신을 위해서나 승가를 위해서나 불행한 일이다. 두 경우 모두 종교가 개인적 한풀이나 출세와 야망의 수단이 될 소지가 다분하기 때문이다. 오늘 우리나라 종교계의 문제는 바로 여기에 있다 해도 과언이 아닐 것이다.

마음의 치유와 사회의 치유가 함께 가는 길

도피적 영성도 아니고 폭력적 행동주의도 아닌 제3의 길을 찾아야 한다는 데 양식 있는 사람은 모두 공감할 것이다. 마음의 치유뿐 아니라 사회의 치유를 바라는 마음을 함께 품고, 세상의 아픔을 온몸으로 안고서 자기 마음의 평화를 위해 고민하는 사람도 많다. 세상에 살지만, 세상의 것(俗物)처럼 되지 않고 산중에 있지만, 세간의 고통을 외면하지 않는 길, 악은 미워하되 사람은 미워하지 않는 길이 있다면 얼마나 좋을까. 성자들에게는 자신을 위한 분노는 없겠지만 남을 위한 분노는 없을 수 없다. 하지만 성자들의 눈에는 악은 보이지만 악인은 보이지 않을 것이다.

평화 되기와 평화 만들기의 일치를 몸소 실천하면서 악은 미워했지만, 사람은 미워하지 않았던 현대 성자의 모습을 우리는 마하트마 간디에게서 본다. 그는 인도의 독립을 위해 영국의 제국주의에 맞서 끈질기게 비폭력 저항 운동을 전개했지만, 결코 영국인들을 미워하지 않았다. 제국주의라는 외부의 적 못지않게 증오라는 내면의 적과도 치열하게 싸웠기 때문이다. 이것이 사람들로 하여금 그를 '위대한 영혼_{maha-atma}'으로 부르게 만든 것이며, 이 '반쯤 벌거벗은 탁발승'(처칠의 표현)으로 하여금 전 세계를 움직이게 만든 힘이다.

간디에게 종교와 정치는 별개가 아니었다. 그는 별개라고 생각하는 사람은 정치도 모르고 종교도 모르는 사람이라고 말했다. 그렇지만 그는 힌두교 정당이나 자이나교 정당 같은 것을 만들지는 않았다. 이런 점에서 그는 종교와 정치의 분리를 믿는 세속주의자였으며 인도가 '힌두교 국가_{Hindu state}'가 아니라 모든 종교가 평화롭게 공존하는 '세속_{secular}' 국가이기를 원했다. 이 때문에 그는 한 힌두교 신자의 총탄에 목숨을 잃는 희생의 제물이 되었다.

간디에게 종교는 개개인의 영성이다. 오직 진리만을 믿고 붙잡은 진리파지_{眞理把持, satya-graha}의 영성이다. 그에게는 진리_{satya}가 하느님이다. 진리라는 범어 'satya'는 'sat' 즉 존재·실재를 뜻하는 말에서 왔다. 그는 어떤 한 종교가 말하는 하느님이 진리가 아니라 진리 자체가 하느님이라고 믿고 따랐다. 간디가 말하는 진리는 진술이나 명제의 옳고 그름을 뜻하는 진리가 아니다. 그에게 진리는 영원불변하는 우주 만물의 실재 자체, 곧 하느님이었다.

사실 사회와 역사의 소용돌이를 빤히 지켜보면서, 아니 거기서 어떤 기대를 품고 무언가를 해야 한다는 마음을 품고 사는 사람에게 자기 자신의 평화와 세상의 정의 가운데 하나를 포기하지 않고 둘 사이의 조화와 균형을 유지하고 사는 일은 결코 쉽지 않다. 그러려면, 좀 거창하게 들릴지 모르지만, 시간과 영원 사이에서 그네타기를 하면서 살아야 한다. 생사와 열반 어디에도 머물지 않고 부지런히 차안과 피안을 왕래해야 한다는 것이 보살의 정신이다. 세속에 살면서도 '잡놈' 처럼 살지 않는 길은 세속을 포기하고 사는 일보다 훨씬 더 고귀하고 어려운 일이다. 이를 위해서 우리는 일단 시간 자체를 초월하는 영성이 있어야만 한다. 하지만 이와 동시에 영성 자체에 머물거나 집착하는 일도 없어야 한다.

촛불집회와 시민종교

촛불집회가 전국을 뜨겁게 달구던 때가 엊그제인데 워낙 빨리 전개되는 우리나라의 정국 탓인지, 언제 그런 일이 있었냐는 듯 기억에서 사라질 듯하다. 그래서 나는 때때로 일부러 그때의 기억을 되살려보려고 노력한다. 그때의 감격과 흥분을 다시 한번 느껴보고 싶은 마음에서다. 아무래도 그때와 똑같은 기분을 느낄 수는 없겠지만, 적어도 그 의미는 다시 새겨볼 수 있지 않을까 하는 생각에서다.

말도 안 되는 사건이 터져 "무슨 이런 나라가 다 있어!"라는 탄식이 절로 나와 모두가 황당해했지만, 돌이켜보면 그 덕에 70년간 꽁꽁 얼어붙었던 남북관계도 새로운 전기를 맞는 것 같으니, 다행이라는 생각도 든다. 또 우리 사회에 오랫동안 누적되었던 온갖 비리와 부조리를 말끔히 청산하지는 못한다 해도 적어도 햇빛 아래 드러나게는 하는 것만으로도 위안으로 삼을 수는 있을 것 같아 그나마 다행이다. 여하튼 지난 촛불집회는 인류 역사상 유례를 찾아보기 힘든 대규모 평화적 시위임이 틀림없고, 한 사람 때문에 구겨진 나라의 체면이 온 국민의 성숙한 시민의식으로 보상받는 것 같아 무척 행복했다.

무엇보다도 나는 각계각층에서 운집한 수십만, 수백만의 국민이 외친 함성에서 민심이 천심이라는 진리를 다시 한번 확실하게 확인할 수 있어서 기뻤다. 국민의 마음이 하나로 모이는 소중한 경험을 했고, 민심이 천심이고 민중의 소리vox populi가 하느님의 소리vox dei라는 오랜 진리도 새삼 실감할 수 있었다. 사실 나는 촛불집회가 일종의 '종교행사' 같은 느낌을 받았고, 직접 집회에 참여한 사람들은 물론이고 집에서 텔레비전으로 지켜보던 국민에게도 소중한 '종교적 경험'을 주지 않았을까 생각해 본다.

근대사회로 오면서 나라에서 국교state religion라는 것이 사라지고 종교가 개인의 선택에 맡겨지고 다원화되면서, 한 사회가 종교의 차이를 넘어 구성원 모두를 하나로 묶어주는 이른바 '시민종교civil religion'가 자연스럽게 대안으로 형성되었다. 가령 미국의 시민종교는 개신교, 가톨릭, 유대교의 차이를 넘어 모든 미국인으로 하여금 어떤 공통의 미국적 가치를 공유하게 하는 역할을 수행한다는 것이다. 이와 유사한 시각을 우리 사회에 적용하면, 한국은 단일 언어를 사용하는 사회이고 단일 민족으로 구성된 민족국가라는 바탕 위에서 유교라는 종교 문화적 전통을 공유하고 있는 사회이기 때문에 비록 '시민종교'라고 부를만한 것이 별도로 잘 보이지는 않지만, 항상 물 밑에서 존재하다가 이번 촛불시위를 계기로 확실하게 모습을 드러낸 것이 아닌가 하는 생각이 든다. 사실, '시민종교'란 본래 그렇게 눈에 띄게 드러나는 것이 아니고 암암리에 사람들의 의식과 생활 속에 스며들어 있는 것

이라는 점에서, 우리나라에서도 시민종교가 그럴 것 같다는 생각이
든다.

　나는 이를 계기로 그동안 시민종교 그리고 이와 밀접하게 연관되
어 있는 계몽주의 사상가들이 주창하는 이른바 이성종교Vernuftreligion
(기독교의 초자연주의적 신관과 계시신앙 대신 인간의 이성만으로 파악할
수 있는 진리와 도덕성을 종교의 핵심으로 간주하는)에 대한 종래의 이해
를 달리하게 되었다. 지금까지 이성종교나 시민종교가 개별 종교(실
정종교, '자연법'과 구별되는 '실정법'이라는 개념이 있듯이)가 지니고 있는
뜨거운 종교적 열정이나 감동이 없는 미지근한 종교, 지나치게 합리
화된 싱거운 종교라는 비판을 받아온 것이 사실이다. 하지만 이번 촛
불집회를 보면서 시민종교도 그리스도교 같은 특정 종교 못지않게,
아니 그보다도 더 진한 감동을 줄 수 있다는 놀라운 사실을 깨닫게 되
었다. 수십, 수백만이 외치는 함성에서 우리는 종교 특유의 '성스러움'
을 느낄 수 있었다. 사람을 매료시키고 어떤 마력과 흡인력이 있는 성
스러움이다.

　엄청난 수의 군중이 각자 가지고 있는 무수한 개인적 차이를 넘어
모두 하나가 되는 경험에는 분명 어떤 초월적인 종교적 요소가 있다
는 느낌이 들었다. 수십만 명이 한목소리로 외치는 구호에서 사람들
은 분명히 개인이 가진 관심사는 대수롭지 않게 느꼈을 것이고, 개인
들이 겪는 천차만별의 운명 또한 사소한 우연에 지나지 않는다는 것,
심지어 죽음마저 두렵지 않을 것 같다는 경험도 할 수 있었다고 생각한
다. 그래서 그런지, 강화에 사는 나의 가까운 친구는 먼 길을 마다치

않고 다섯 번이나 집회에 참여했다는데 자꾸만 눈물이 나더라고 했다.

특히 요즘 학생들과 청년들은 사회의식이나 정치의식 같은 것은 없고 연예인들에 대한 시시한 루머나 잡담에 더 관심이 많으며 취직과 스펙 쌓는 일에만 열심이라는 비판이 사실이 아님을 확인할 수 있어서 기쁘고 뿌듯했다. 또 우리나라 정치가 '일등 국민'에 '삼등 정치'라는 비판을 많이 받아왔지만, 지난번 미국 대선을 보면서 그런 생각도 근거 없는 자기비하에 지나지 않는다는 생각이 들었다. 트럼프 같은 사람을 대통령으로 뽑는 미국 국민의 정치 수준이 우리만도 못하구나 하는 생각이 들었기 때문이다. 우리 정치에 대해 너무 자조적이거나 비판적일 필요가 없다. 정치가 아무리 '더럽다'해도 아예 관심을 접거나 포기해서는 안 된다. 좋게 말해서 정치는 가치를 실현하는 가장 강력한 수단이기 때문이다.

이미 지나간 일이지만, 말도 안 되는 사태의 본질을 다시 한번 되짚어 보면, 그것이 단지 우리 정치계만의 문제가 아니었음을 알 수 있다. 우선 국가의 지도자라는 사람이 한 사이비 교주 같은 사람에게 현혹되어 그런 엄청난 사단의 단초를 제공했으니, 그런 사람을 배출하고 그런 활동을 할 수 있도록 풍토를 제공해준 우리나라 종교계가 제일 큰 문제라면 문제다. 또 오래전부터 이런 엄청난 비리가 진행됐기에 이미 알 만한 위치에 있는 사람은 다 알고 있었을 터인데 마치 침묵의 카르텔이라도 형성한 듯 부와 권력을 탐해 온 우리나라 권력층, 언론계, 폴리페서들 가운데 누구 하나 '양심선언' 같은 것을 한 사람이 없었다. 그런가 하면 '정보력'에는 둘째가라면 서러울 우리나라 재벌들의 책임도 간과할 수 없다. 하지만 종교문제에 관심이 많은 나는 역시 우리나라 종교계와 신앙풍토를 문제 삼고 싶다.

우리 종교계의 가장 근본적인 문제는 상식과 이성이 통하지 않고 도덕적 비판 정신이 마비된 풍토에 있다는 사실이다. 특히 종교적 신앙과 도덕적 관심이 따로 놀면서 도덕적 비판을 감당할 수 없는 한심한 종교집단들이 독버섯처럼 마구 번지고 있다는 사실이 큰 문제다. 지금 이 순간에도 얼마나 많은 사람이 그런 종교에 놀아나 종살이를 하고 있는지를 생각하면 새삼 종교란 것이 정말 무서운 것이구나, 또 위험한 것이구나 하는 생각을 떨칠 수 없다.

미국 정치와 복음주의 신앙

지난번 미국 대선 때의 일이 생각난다. 트럼프 같은 후보가 표를 얻기 위해 자신을 '복음주의자'라고 우기던 장면이다. 더 한심한 것은 당시 공화당 후보 12명 가운데 카터 전 대통령처럼 누가 보아도 '복음주의자'라고 인정할만한 사람은 단 한 사람도 없었는데 서로 복음주의자라고 우기는 꼴이 가관이었다. 내가 무슨 진실한 신자라고 착각해서 하는 말이 절대 아니다. 적어도 나는 그런 낯 뜨거운 짓은 하지 못할 것 같아서 하는 말이다. 여하튼 그런 것이 미국이라는 나라이고 미국 기독교의 민낯이다. 그리고 바로 이런 기독교가 미국인들의 낮은 정치·사회의식에 중요한 몫을 하고 있다는 것이 많은 사람의 판단이다.

이와 매우 대조적인 장면도 지난번 미국 대선에서 보았다. 민주당을 얻기 위해 힐러리 클린턴과 치열한 경합을 벌이다가 고배를 마신 샌더스B. Sander 상원의원의 경우다. 아마도 선거운동 기간이 한 2주 만이라도 더 있었더라면 역전 시켰을 가능성이 매우 컸다고 말할 정도로 그는 누구도 예상치 못한 돌풍을 일으켰다. 특히 정치에 무관심한 것으로 알려진, 아니 관심이 있어도 정작 투표장에는 나타나지 않는 젊은 층에서 그의 인기는 실로 놀라웠다.

어느 날 나는 우연히 미국 CNN 방송이 타운 홀 미팅 형식으로 주최한 민주당 대선후보 토론회를 보게 되었는데, 청중 가운데 한 사람이 샌더스에게 당신의 종교에 대해 알고 싶다고 질문했다. 마음속으로 그를 지지하고 있던 나는 순간 약간 놀랐다. 그가 유대교 배경을 가지고 있다는 사실 정도는 알고 있었기에, 이 질문이 결코 그에게 정치적으로 유리하거나 우호적이지는 않다는 생각이 들었기 때문이다. 하지만 그의 대답은 나를 감동시키기에 충분했다. 그는 질문을 듣자마자 한순간의 망설임도 없이 "나는 정말 깊이 종교적인 사람입니다"라고 말했다. 그의 말을 듣는 순간 나는 놀랐고 한 층 더 긴장해서 다음 말을 경청했다. "하지만 나의 종교, 나의 영성은 복음주의자들과 달리 어떤 소녀가 돈이 없어서 학교에 못 간다거나, 어느 할머니가 돈이 없어서 약을 못 사 먹는다면, 나의 종교, 나의 영성은 바로 그런 데 있습니다"라고 말했다. 이 말을 듣는 순간 나는 그야말로 유대교 영성의 가장 숭고하고 아름다운 장면을 목격한 것 같은 느낌을 받았다. 비록 대권 후보자로 선택받지는 못했지만, '사회주의'라는 말만 들어도 경기를 일으킬 정도로 보수적인 미국 사회에서 일반인들의 의식을 바꿀만한 돌풍을 일으켰고, 특히 정치에 무관심하다고 여기던 청년들을 자극해서 정치참여의 장으로 이끌어낸 것은 샌더스만이 할 수 있었던 큰 공헌이었다. 그가 남긴 정치적 유산은 앞으로 미국 사회의 정치 판도에 적지 않은 변화를 가져올 것이라 기대해도 좋을 것 같다.

유대교 영성의 특징과 장점은 일찍이 사회학자 막스 베버가 '윤리적 유일신신앙ethical monotheism'이라고 부르는 것이다. 나는 샌더스 상원의원의 모습에서 이런 구약성서 예언자의 모습을 보았고, 그 정신을 이어받은 예수의 모습도 보았다. 유대교는 신학이나 교리에는 별 관심이 없고, 우리가 얼마나 율법에 나타난 하느님의 뜻에 따라 사는가에 관심이 있다. 경건한 유대인이었던 예수 자신도 신학이나 교리에는 별 관심이 없었고 그의 관심사는 오로지 율법의 참 정신에 따라 사는 삶에 있었다. "누구든 하늘 아버지의 뜻을 행하는 사람은 모두 하느님의 자녀들이다"라는 그의 말 그대로다.

정의의 예언자라 불리는 아모스는 "너희가 살려면 선을 구하고, 악을 구하지 말라. 악을 미워하고 선을 사랑하여라. 법정에서 올바르게 재판하여라"라고 외쳤다. 구약성서의 예언자들에게는 하느님을 사랑하는 것은 곧 정의를 사랑하는 것이고, 정의를 사랑하는 것이 곧 하느님을 사랑하는 것이다. 『정의론』의 저자로 유명한 철학자 존 롤스J. Rawls에게 큰 영향을 준 칸트는 말하기를 "만약 정의가 사라진다면 사람들이 지구상에서 살 가치가 없다"라고 했다. 정의는 인생의 궁극적 가치, 즉 지고선이라는 말이다. 정의는 도덕, 정치, 종교 모두가 추구해야만 하는 궁극적 가치다. 정의를 외면하는 정치와 종교는 현대세계에서 더 이상 존재 이유가 없다. 우리는 그런 정치, 그런 종교를 더 이상 용납해서는 안 된다.

복음주의 신앙을 넘어

남의 나라 이야기할 때가 아니다. 우리나라 종교계는 흔히 불교와 그리스도교가 대등한 세력으로 병존한다고 말하지만, 사실 가시성에서 보면 불교는 그리스도교와 비교가 안 된다는 데 모두가 동의할 것이다. 미국에서도 그렇지만, 우리나라 그리스도교 신자들, 특히 개신교 신자들의 열성과 '극성'은 다른 어느 나라에서도 찾아보기 힘들 정도다. 이러한 열성이 어디서 오는지는 많은 연구와 논의가 필요하겠지만, 우선 나는 여기서 뜨거운 복음주의evangelical 신앙을 들지 않을 수 없다.

복음주의 신앙의 핵심은 인간의 죄의 문제는 결코 인간 스스로의 힘으로는 해결할 수 없다는 대전제에 있다. 따라서 인간이 '구원' 받기 위해서는 하느님의 은총, 무엇보다도 예수 그리스도라는 자기 아들을 인간의 죄를 대속하기 위해 보낸 은총을 수용하는 '믿음' 없이는 불가능하다고 믿는다. 이른바 '오직 은총', '오직 신앙' 그리고 '오직 성서'라는 개신교 구호는 이 점을 가장 명백하게 표현해준다.

개인적으로 이러한 개신교 신앙풍토에서 자랐기 때문에 나에게는 너무나 친숙한 신앙이고, 때로는 그러한 신앙에 가끔 향수를 느끼기도 한다. 하지만 우리나라 기독교 복음주의 신앙의 폐해가 너무나 심각하다고 생각하기 때문에, 이제는 한국교회가 복음주의 신앙을 극복할 때가 되었다고 확신한다. 나는 진정한 '극복'은 무시나 경멸이 아니라 건전한 비판과 대안을 수반해야만 한다는 사실을 염두에 두면서 이 글의 주제와 맥락에 맞게 우리나라 복음주의 신앙이 가지고 있는 몇 가지 문제점을 언급하고자 한다.

복음주의 신앙의 첫째 문제는 역사의식, 사회의식이 없거나 매우 약하다는 점이다. 이른바 '개인 구원'에만 관심이 집중되다 보니 사회정의 같은 것은 그리스도교 신앙과는 무관하다고 여기고 안중에 없다. 교회생활이 곧 신앙생활이라 착각하고, 아주 편협하게 자기 교회에만 관심이 집중되어 있다.

한국 복음주의 신앙의 두 번째 문제로 지적하고 싶은 것은 복음주의 신앙의 사회의식이 약한 것까지는 그렇다고 해도, 친미주의적 성향의 사회의식이 매우 강하다는 사실이다. 우선 목사님의 자격을 따지는 데도 미국에서는 전혀 알아주지 않는 몇몇 복음주의 신학교에 유학한 것을 무슨 대단한 벼슬이나 한 것처럼 알아주며, 영어 좀 할 줄 알면 금상첨화다. 한국 복음주의 신앙인들의 친미의식은 태극기 집회를 보면 곧 알 수 있다. 사회의식이 약한 것이나 태극기 집회 자체는 사회를 보는 시각의 차이로 볼 수 있지만, 많은 사람이 이해하기 어려운 '한심한' 현상은 왜 거기에 미국 성조기가 등장하는지, 심지어 이스라엘 국기가 등장하는지 약간의 상식만 있어도 도저히 이해 못하겠다는 것이 내가 만난 사람들이 이구동성으로 하는 말이다.

셋째 문제는 순수한 복음주의 신앙과는 거리가 먼, 적어도 아무런 유기적 연관성이 없는 성서문자주의 신앙, 이른바 '근본주의fundamentalism' 신앙이다. 오직 믿음으로 구원받는다는 사도 바울의 신앙이 잘 나타난 편지나 요한복음 정도면 충분할 터인데, 왜 하필 성서 전체를 문자적으로 새겨야 하는지 도무지 이해가 되지 않는다. 그것도 보수적 복음주의를 표방하는 교회일수록 구약성서를 본문으로 하는 설교가 압도적으로 많다.

넷째, 순수한 복음주의 신앙과는 무관한, 아니 정반대라고 해도 과언이 아닌 기복신앙의 문제다. 복음주의 신앙이 강한 한국교회에서는 '신앙이 좋다'는 사람일수록 기복신앙이 강하다. 그리고 이와 밀접하게 연계된, 아니 거의 동의어와 마찬가지인 기적신앙을 신앙 그 자체로 오해할 정도다. 예수 믿고 죄 사함을 받는 은총에 정말 감사하고 기뻐하며 살면 족한데, 왜 이러한 복음주의 신앙과는 아무 관련도 없는 기복신앙에 열심인지 이해하기 어려운 자기모순을 보인다. 기도할 때 하느님께 간절한 마음으로 기도드리면 되는데 이상한 어조로 '믿습니다'를 힘주어 말하고, 하느님께 매달리다 못해 마치 '협박'이라도 하듯 소리 지르며 기도하는 신자들도 있다.

다섯째, 인간의 뿌리 깊은 죄악성을 강조하는 복음주의 신앙은 마땅히 우리를 겸손하게 해야 함에도 불구하고 한국 복음주의 신앙인들의 모습에서는 겸손한 신앙인을 찾아보기 어렵고, 가난을 감내하면서 사는 진정한 신앙의 모습을 찾아보기 어렵다. 복음주의 신앙인들은 말끝마다 예수의 십자가를 들먹이지만, 정작 자신의 십자가를 지고 예수를 따르려는 사람은 별로 없다. 십자가의 고난보다는 부활의 승리에 도취하는 '승리주의' 신앙이 판을 치고 있기 때문이다. 이것은 기복신앙, 기적신앙과 무관하지 않다.

여섯째, 나는 한국 복음주의 신앙의 가장 심각한 문제 가운데 하나가 타 종교에 대한 지독한 배타주의에 있다고 생각한다. 타 종교를 제대로 알기는커녕 알려는 노력조차 없이 거의 맹목적으로 배타적이다. 아무리 경건하고 영적이고 도덕적인 사람이라도 예수를 믿지 않으면 하느님의 구원에서 배제된다고 믿기 때문에 복음주의 신앙인들에게 배타주의는 당연한 결론이 된다. 순수한 복음주의 신앙이 지닌 장점과 매력에도 불구하고 내가 복음주의 신앙을 극복의 대상으로 비판하고 그 대안을 모색하고 있는 중요한 이유 가운데 하나도 한국 복음주의가 가지고 있는 바로 이러한 무지와 독선, 배타성과 편협성 때문이다.

_ 종교는 명사가 아니라 형용사

_ 상생을 위한 종교 간 대화

_ 종교다원주의에 대하여

길은 달라도
같은 산을 오른다

종교는 명사가 아니라 형용사

• • •

　잘 알려지지 않은 단체지만 우리나라에 종교자유정책연구원이라는 것이 있다. 이 단체가 2011년에 '청소년 종교인권'이라는 주제로 만해축전 심포지엄을 개최한 바 있다. 종교자유정책연구원은 우리 사회의 갈등 요인 가운데 하나인 종교에 의한 차별과 인권침해 문제 등에 관해 연구하고 해결책을 모색하기 위해 만들어진 단체다. 대광고등학교의 강의석군 사건을 계기로 우리 사회에 첨예하게 제기되기 시작한 학교 내 학생들의 종교 자유 문제에 대해 많은 관심을 기울여 온 단체이며, 이번 심포지엄도 이러한 관심의 일환으로 개최되었다.

　비록 강의석군(지금은 '씨'라고 해야 하지만)이 대광고등학교에서 입은 정신적 피해에 대해 학교를 상대로 제기한 소송(2004년)에서 대법원의 승소판결을 얻어냈지만(2010년 4월 22일), 종교계 사립학교 내 종교 자유 문제가 실제 교육현장에서 단시일 내에 해결될 문제가 아니라는 것은 알 만한 사람은 다 아는 사실이다. 심포지엄에서는 종교계 학교의 종교교육 권리보다는 개인신앙의 자유가 우선한다는 취지의 대법원 판결이 지닌 역사적 의미에 대한 발표를 비롯한 학교 현장에서 일어나고 있는 많은 문제에 대해 다양한 논의가 이루어졌다. 그러나 이 모임 내내 나의 관심을 사로잡은 것은 이 복잡한 문제에 대해 제시된 제도적, 법적, 교육행정 상의 해결책이나 대안보다는 도대체 '종교교육'이라는 것이 무엇이며 과연 학교에서 종교교육이라는 것이 꼭 필요한가라는 근본적인 물음이었다.

종교정신이 빠진 종교교육

평소 신념이기도 하지만 이 심포지엄을 통해 다시 한번 내가 확인할 수 있었던 결론은 현재 종립학교들에서 이루어지고 있는 것과 같은 종교교육은 이제 필요 없다는 것이다. 현재 종교계 학교들에서 학생들에게 이루어지고 있는 종교교육의 목적은 주로 설립자가 속했던 종교에 대한 신앙을 고취하기 위한 것이다. 이러한 목적이 얼마나 효과적으로 달성되고 있는지의 문제는 차치하고, 교육을 본령으로 하는 교육기관에서, 그것도 상당한 정부 지원을 받는 학교에서 선교 목적의 종교교육을 하는 것이 과연 정당한 일인지 심각한 의문이 든다. 아무리 종립학교라 해도 교육은 교육이지, 선교가 교육을 대체하거나 방해해서는 안 되고 교육이 선교의 방편이 되어서도 안 된다.

사실 우리나라에 순수 사립학교는 거의 없다. 모두가 정부의 지원을 받는 실정이며, 학군제로 인해 학생들의 학교 선택권이 제약을 받는 상태에서 종교교육이 싫다고 그 학교를 피할 수 있는 것도 아니다. 이런 사실들을 감안해 볼 때, 학생의 의사와 상관없이 특정 종교의 종교 행사나 교육에 의무적으로 참여하게 하는 것은 심각한 인권침해임이 틀림없다. 무엇보다도 학교가 학교인 한 교육이 목적이지 선교가 목적일 수 없으며, 학교 내의 종교 행사들이 아무리 부차적이라 해도 교육의 범주에 포함할 수는 없다. 사실 내가 아는 한, 우리나라의 어떤 종립학교도 노골적으로 '선교'를 학교설립의 목적으로 내세우지는 않는다. 아무리 신앙심이 강한 학교 설립자라 해도 교육을 선교의 방편으로 하겠다고 선언할 정도로 몰상식한 사람은 없을 것이다. 만약 그렇게 한다면 설립 허가조차 받지 못했을 것이다. 확인해 보아야 할 사항이지만, 아마도 대부분의 종교계 학교 설립자들은 자기가 믿는 종교의 '정신' 같은 것을 교육 이념으로 표방했을 것이다. 그리스도교 계통의 학교 설립자는 그리스도교 정신, 불교계 학교 설립자는 불교 정신 같은 것 말이다.

하지만 우리가 다 아는 대로, 실제로 종교계 학교의 교육현장에서 이루어지고 있는 종교교육이나 행사들은 사실상 선교를 목적으로 하여 이루어지고 있다. 그러고는 이렇게 변명할 것이다. 경전이나 교리를 가르치지 않고, 기도나 예배, 명상 같은 것을 통하지 않고 어떻게 우리 종교의 정신을 고취할 수 있단 말인가라고. 하지만 바로 이것이 문제의 핵심이다.

나는 성경이나 불경 같은 경전에 대한 지식의 주입이나 예배나 기도 같은 '종교적' 행위를 전혀 하지 않고도 '그리스도교 정신'이나 '불교 정신'에 입각한 교육이 얼마든지 가능하며, 사실 이것이 진정한 종교교육이라고 생각한다. 그리고 종교계 학교에서 하는 것이 이러한 '종교교육'이라면 쌍수를 들고 환영할 뿐 아니라, 오히려 종교교육이 전혀 없는 일반 공립학교들보다도 더 참다운 교육이 이루어질 것이라고 확신한다. 그리스도의 정신, 부처님의 정신에 입각한 교육이 종교를 강제하는 구태의연한 선교적인 종교교육보다 실제로 학생들의 인격을 형성하고 변화시키는 데 훨씬 더 효과적이라고 믿기 때문이다. 적어도 그러한 정신이 깃든 교육이 그렇지 않은 '세속주의적인' 교육보다 참다운 인간을 양성하는 교육, 아니 진짜 '종교교육'이 될 수 있다고 확신하기 때문이다.

이러한 참다운 종교교육이 이루어지려면 우리의 종교이해에 과감한 전환이 필요하다. 단적으로 말해, 종교를 명사가 아니라 형용사로 보는 시각으로 전환하는 일이다. 종교를 '그리스도교', '불교'라는 일정한 경계를 지닌 제도나 집단들로 이해하기보다는 '그리스도교적,' '불교적'이라는 형용사로 이해하자는 말이다. 부처나 예수 같은 위대한 영적 혁명을 시작한 분들의 이름에 걸맞은 '정신'을 나타내는 형용사로 종교를 이해하면 좋다는 말이다. 그리고 이렇게 형용사적 종교이해의 바탕 위에서 비단 종교교육만이 아니라 다른 모든 수업, 모든 교육을 하자는 말이다.

그렇게 하려면 우선 교사들의 인격과 성품이 그리스도와 부처님을 닮아야 한다. 그렇지 않고 교사들이 불교나 그리스도교의 좋은 사상이나 교리를 아무리 떠들어 대도 학생들의 귀에 들어갈 리 없고 관심도 끌지 못할 것이다. 반면에 부처님의 정신으로, 예수님의 정신으로 종교 얘기는 단 한마디 하지 않아도 참교육, 곧 참종교 교육이 이루어질 것이라고 확신한다. 그런 종교교육을 하는데 어느 학생, 어느 부모가 반발하겠는가?

제도로서의 종교, 정신으로서의 종교

나는 '불교도'나 '불교신자'라는 말보다 '불자'라는 말을 훨씬 더 좋아한다. 문자 그대로 부처의 아들, 혹은 부처의 씨앗種子 혹은 성품佛性을 지닌 사람들이라는 뜻이며, 불교라는 이름의 종교에 속한다는 뜻이 상대적으로 약하기 때문이다.

그리스도교의 경우, '크리스천'이라는 말은 안디옥 교회에서 제일 먼저 사용된 것으로 알려져 있는데, 본래는 명사라기보다는 형용사였다고 한다. 즉 교회라는 제도적, 교리적 테두리를 가진 집단에 속한 신자를 가리키는 말이 아니라 '그리스도적' 즉 '그리스도를 닮은' 혹은 '그리스도를 따르는'이라는 형용사적 의미를 지닌 말이었다. 그리스도교라는 종교가 채 제도화되기 이전의 이른바 '원시 그리스도교' 시대에 기독인들을 지칭하던 말이었으며, 그리스도교라는 조직의 일원이라는 외적 모습보다는 그리스도를 본받아 살며 그의 인격을 닮고자 하는 사람들의 내적 정신을 가리키는 말이었다.

종교를 명사로 이해하는 것과 형용사로 이해하는 것 사이에는 엄청난 차이가 있다. 명사화된 종교가 제도화되고 물상화物像化된 종교, 명확한 배타적 경계선과 울타리를 지닌 조직체로서의 종교를 가리킨다면 형용사 종교는 신자들 내면에 살아 있는 정신으로서의 종교, 마음의 성품과 삶의 태도로서의 종교이며 어느 한 종교의 신자들뿐 아니라 비신자들, 심지어 타 종교 신자들까지도 포함할 수 있는 단어다. 가령 그리스도교를 그리스도의 정신을 따르는 사람들의 집단을 뜻하는 말로 이해한다면, 우리는 어떤 독선적이고 권위주의적인 목사님보다는 자비로운 성품과 청정한 모습을 지닌 스님이 더 그리스도를 닮은 그리스도인이라고 말할 수 있을 것이며, 반대로 어떤 탐욕스러운 주지 스님보다는 청빈하게 살며 겸손한 목사님을 부처님을 더 닮은, 그래서 더 불교적인 불자로 여길 수 있을 것이다.

　　우리가 이렇게 종교를 형용사적으로 이해한다면 그리스도교계 종립학교의 종교교육은 성경을 가르치고 그리스도교 교리를 주입해서 그리스도교 신자를 만들려는 교육보다는 그리스도의 정신과 그리스도교적 가치를 심어주는 교육이 될 것이다. 그러면 한 학생의 인격을 존중하고 신앙의 자유를 인정하는 일은 무슨 특별한 일이 아니라 진정으로 하느님이 원하는 뜻, '살아계신 그리스도'의 정신에 부합하는 일이 될 것이다. 원하지도 않는 학생을 억지로 성경 공부시키고 채플에 참여하도록 하는 것과 그의 인격과 종교의 자유를 존중하고 그리스도의 정신에 따라 이해와 배려, 사랑과 인내로 교육하는 것 가운데 어느 것이 더 그리스도적일까, 어느 것이 진정으로 학생들의 삶을 변화시키는 힘을 지닐까 깊이 생각해 볼 일이다.

이것은 불교나 그 외의 다른 종교도 마찬가지다. 불교는 그리스도교보다 덜 제도화 된 종교이고 불교계 학교는 그리스도교계 학교보다 훨씬 수가 적지만, 명사로서의 불교 역시 일정한 틀과 규율을 갖춘 제도 종교임이 틀림없다. 그렇다면 진정한 불교적 종교교육이 어떠해야 할지 답은 분명하다.

그리스도의 정신에 따라 살고자 하는 사람

몇 해 전부터 나는 강화도에서 종교 간의 울타리를 자유롭게 넘나드는 영성을 추구하는 심도학사尋道學舍라는 '공부와 명상의 집'을 운영하고 있다. 그리스도교, 불교, 유교, 이슬람, 천도교 등 여러 종교의 경전과 사상에 관한 강좌와 경전 강독 프로그램을 진행하고 있다. 그 첫 강좌가 '기독인을 위한 불교 강좌'였는데, 참가했던 한 사람의 말이 퍽 인상적이었다. "'기독교인'이 아니라 '기독인'이라는 말을 사용해서 좋았고, 감사했다"라는 것이었다.

이 말에 다른 참가자들도 공감하는 분위기였다. 두 단어 사이에 어감상 무슨 차이가 있기에 그분이 그렇게 느꼈을까? 분명 그에게 '기독교인'이라는 말이 마음에 걸렸던 모양이다. 그 말이 어떤 교파나 교회에 소속된 충실한 멤버를 뜻하는 것이라면 자기는 그런 범주에 속하지 않는다거나 속하고 싶지도 않다는 뜻에서 그렇게 말했을 수 있다. 반면에 '기독인'이라는 단어는 좀 달리 들렸던 모양이다. 그리스도를 좋아하고 그를 닮고 그의 정신에 따라 살려는 마음이 있는 사람, 혹은 단순히 예수라는 인물을 좋아하는 사람 정도를 뜻하는 말로 들렸을 가능성이 크고, 그런 의미라면 자기도 그런 사람 가운데 하나라고 여기는 것이 덜 부담스럽게 느껴졌을지 모른다. 아니면 단순히 '기독교인'이라는 말이 우리 사회에서 부정적 이미지가 많다고 느껴서 그런 '딱지'에 거부감이 있어서 그렇게 말했는지도 모르겠다. 아니, 한 걸음 더 나아가서, 그리스도교라는 울타리를 넘어서 타 종교를 깊이 이해하려는 마음으로 강좌에 참여하는 사람이었기에, '기독인'이라는 말이 '기독교인'이라는 말보다 더 형용사적이라고 느꼈을지도 모른다. 여하튼 그분의 생각이나 느낌은 정확했다. 실제로 나는 이런저런 이유에서 강좌 이름에 '기독교'라는 말과 '기독교인'이라는 말을 의도적으로 피한 것이 사실이었기 때문이다.

오늘날 한국 개신교는 국내에서뿐 아니라 해외 선교에도 세계 어느 나라보다 열심이다. 주로 우리보다 경제적으로 훨씬 못한 나라들에 가서 선교활동을 하는데, 선교 현장에서 들리는 목소리는 대체로 부정적이다. 순수한 마음으로 선교활동에 헌신하는 선교사들에게는 미안한 말이지만, 돈 냄새 나는 선교활동을 많이 한다는 말이 자주 들린다. 옛날 미국 선교사들이 우리나라에서 하던 '구제품 선교'를 연상케 한다.

이미 오래전의 일이지만, 경기도 분당에 있는 한 교회에서 선교를 위해 아프가니스탄에 파견한 신자들이 납치되어 정부를 무척 곤혹스럽게 하고 온 국민의 걱정을 산 일이 있었다. 목사님 한 분은 목숨을 잃기까지 했다. 이슬람권에서 대놓고 그리스도교 선교를 하는 것은 법을 위반할 뿐 아니라 자살행위나 다름없다. 이런 사실을 알고 갔는지 나로서는 알 수 없지만, 이슬람권이냐 아니냐는 사실 근본적인 문제가 아니다. 그보다 본질적인 문제는 오늘날 그리스도교 선교가 어떠한 것이어야 하는가 하는 선교관과 선교 정신이 문제의 핵심이다.

나는 현대 그리스도교 선교는 그리스도교를 전파하는 선교가 아니라 예수님이 전파하고 다니신 하느님 나라 하늘나라, 곧 천국의 복된 소식을 전하는 선교여야 한다고 믿는다. 그가 보여주었던 하느님 나라의 모습을 행동으로 보여주는 선교여야 한다고 믿는다. 교회 중심의 선교 대신 하느님 나라 중심의 선교여야 한다는 말이다.

교회 중심, 그리스도교 중심의 선교를 하려면 신학교육도 받고 교회 운영도 잘하는 목사님이나 전도사가 필요하겠지만, 하느님 나라 중심의 선교라면 반드시 그럴 필요가 없다. 오히려 의사나 교사 혹은 사회운동이나 봉사활동을 잘하는 사람이면 족하다. 아니 더 좋다. 참선교는 그리스도교를 확장하려는 활동이 아니라고 믿기 때문이다. 예수님처럼 낮은 데로 찾아가서 천시받고 소외된 사람들을 하느님의 자녀로 알고 섬기는 생활을 할 자세와 준비만 있으면 누구든 좋은 선교사가 될 수 있다. 명사로서의 기독교 선교가 아니라 형용사로서의 기독인다운 선교면 된다.

이런 선교는 사람들을 군이 기독교로 개종시킬 필요가 없는 '선교 아닌 선교'다. 무슬림들을 기독교로 개종시켜서 도대체 무얼 하겠다는 말인가? 예수는 하느님 나라 운동을 하시다 처형당하셨지 결코 기독교를 전파하시다가 순교하신 것이 아니다. 하느님 나라는 결코 기독교인들만의 전유물이 아니다. 교회는 어디까지나 하느님 나라의 징표sign이지 하느님 나라 자체가 아니며, 종교를 불문하고 정의와 평화를 위해 사는 사람들, 하늘 아버지의 뜻을 행하는 사람은 누구나 하느님의 자녀이고 자기의 형제자매라고 예수께서는 말씀하셨다.

그리스도의 향기로, 부처님의 자비로

명사로서의 종교인이 되기보다 형용사로서의 신앙인이 되기가 훨씬 더 어렵다. 한 종교 공동체의 일원이 되어 일정한 규칙을 따르고 의무에 충실한 신자로 생활하는 일은 조금만 부지런하면 그다지 어려운 일이 아니다. 상당한 물질과 시간을 투입해야 하지만, 거기에 따른 각종 이득도 적지 않기 때문이다. 실제로 오늘날 우리 종교계는 그러한 신자들로 차고 넘친다. 하지만 그리스도를 닮거나 부처님을 닮은 자, 인격과 삶에서 그리스도의 향기를 발하며 부처님의 자비를 실천하는 자는 성직자든 일반 신도들이든 그리 많지 않다. 우리 종교계의 문제는 바로 여기에 있다 해도 과언이 아니다. 명사화된 종교 신자는 엄청 많은데, 진정으로 자기 종교의 정신에 따라 사는 형용사적 종교 신자는 매우 드물다.

종교를 형용사적으로 이해하면 종교 간의 경계가 그다지 배타적이거나 경직되지 않게 될 것이다. 종교의 궁극 목표는 사람다운 사람을 만드는 데 있을 뿐, 그 이상도 이하도 아니다. 성인聖人은 무슨 별다른 존재가 아니라 가장 인간다운 인간이다. 인간의 인간성을 제대로 자각하고 실현한 존재가 성인이다. 인간을 차별하지 않는 종교는 누구나 다 성인 성자가 될 수 있다고 가르친다. 특히 불교나 유교는 그렇게 말하는 데 아무 문제가 없다.

퇴계 선생이 선조 임금에게 바친 『성학십도聖學十圖』라는 글이 있다. 성리학의 유학 사상을 10개의 도표로 그려 알기 쉽게 설명한 명저다. 여기에서 '성학'이란 성인이 되기 위한 공부다. 그런데 생각해 보라. 막강한 권력을 가지고 온갖 욕망을 마음대로 채울 수 있는 한 나라의 임금더러 성인이 되라고 그런 것을 헌정하다니, 말이 되는가?

이 글을 읽으면 퇴계 선생 혹시 제정신이셨는가 하는 생각이 들 정도다. 하지만 조선조 내내 임금들은 성군聖君이 되라는 신하들의 집요한 압력에 학질을 떼며 살았다. 이것이 유교다. 너무나 비현실적이었기에 허위의식이나 위선도 많았지만, 유교의 장점 가운데 하나는 하늘이 부여한 모든 인간의 천성, 본성은 본시 성인과 조금도 다른 바 없다는 평등주의적인 도덕적, 영적 인간관이다. 따라서 유교에서는 인격의 완성이 최고 목표며 지고선이다. 누구든 이러한 이상에서 배제되지 않는다. 비록 조선조 사회가 신분에 따라 사람을 차별하는 사회였기에 유교가 제대로 기능을 못 하고 오늘날 고리타분한 종교로 간주되지만, 유교의 본령은 사람다운 사람이 되는 데 있다. 유교의 근본정신은 인간은 금수와 다르다는 인간성에 대한 믿음이다. 그래서 누구나 다 성인이 될 수 있다고 믿는다.

불교도 마찬가지다. 모두가 부처의 성품, 불성을 지니고 있기에 누구라도 부처가 될 수 있다고 주저 없이 말하는 게 불교다. 예수님의 눈에는 모두가 본래부터 하느님의 아들이고 딸이며 존엄한 존재들이다. 그래서 그는 소외당하고 천대받던 사람들의 편에 서서 그들의 존엄성을 회복하는 운동을 벌인 것이다. 가톨릭 신학자 칼 라너의 말대로, 그리스도는 다 된 인간이고 사람들은 되어가는 그리스도이다.

형용사적 종교는 종교 간의 벽을 자유롭게 넘나들며 성과 속의 벽도 자유롭게 넘나들 수 있는 종교다. 명사적 신자들이 만나면 서로 옳다고 다투지만, 부처 닮은 사람, 공자 같은 사람, 예수 본받는 형용사적 신자들이 한자리에 모인다면 인간적으로 잘 통하리라고 믿는다. 모두가 참사람이 되려는 존재들이기 때문이다.

상생을 위한 종교 간 대화

• • •

    민주사회의 중요한 특징 가운데 하나는 가치의 다원화 현상이다. 민주사회는 사람마다 자기가 원하는 가치를 추구하며 살 수 있는 자유와 권리를 법과 제도로 보장해주는 사회다. 타인의 동등한 권리를 존중하고 타인에게 해를 끼치지 않는 한, 누구든 자기가 선택한 선_{good}을 추구하며 살 자유를 누린다. 아무도 나에게 특정한 가치관이나 삶의 방식을 강요할 수 없다.

    종교도 마찬가지다. 종교와 정치가 분리되고 종교가 다원화된 현대 민주사회에서는 누구든 자기가 원하는 종교를 선택해서 신앙생활을 할 수 있는 자유와 권리를 누린다. 아무도 나에게 종교를 강요할수 없고, 심지어 부모라도 그렇게 하지 못한다. 물론 부모가 자식의 가치관, 인생관, 종교관에 상당한 영향을 미치는 것은 사실이지만, 일단 장성한 자식은 자신이 택한 종교와 가치관에 따라 살기 때문에 부모라도 간섭하거나 강요할 수 없다. 서구 사회는 물론이고 가족의 유대가 매우 강한 우리 사회에서도 가족 구성원들이 종교를 달리하는 경우를 흔하게 볼 수 있다.

가치 다원화와 종교 다원화는 밀접히 연관되어 있다. 과거 전통사회에서는 주로 종교가 사람들의 가치관과 인생관의 형성에 결정적인 역할을 수행했기 때문이다. 무엇이 인생이 추구해야 할 궁극적 선인지, 어떤 것이 좋은 삶이고 바람직한 삶인지 종교가 그 규범과 이상을 제시해 주었다. 종교는 이러한 가치들이 절대적이라고 가르쳤다. 우주의 이법에 근거한 것이든 혹은 초월적 신의 뜻과 명령이든, 인간에게는 마땅히 따라야 하는 절대적인 도리와 규범이 있으며 추구해야 할 가치와 덕목이 있다는 것이 종교의 가르침이었다. 종교는 전통사회의 도덕적 질서와 삶의 방식의 토대였다.

하지만 이러한 종교의 역할은 근대의 세속화된secularized 사회로 들어오면서 근본적으로 변하기 시작했다. 현대사회에서도 종교의 역할이 관습이나 전통으로 상당 부분 남아 있어 아직도 사람들의 삶에 영향을 미치고 있지만, 현대인의 의식은 종교가 제시하는 전통적 가치관이나 인생관과는 쉽게 건널 수 없는 괴리를 경험하고 있다. 이러한 변화를 사상적으로 주도한 것은 인간의 이성을 진리와 도덕의 준거로 삼은 18세기 서구의 계몽주의였다. 이로 인해 과학적 진리와 종교적 세계관, 비판적 역사와 신화적 전승 그리고 자율적 윤리와 전통에 따른 타율적 윤리 사이에 극복하기 어려운 괴리가 발생했고 지금도 계속되고 있다. 서구 그리스도교 사회와 유대교 사회가 이러한 위기를 제일 먼저 경험했지만, 지금은 세계 어느 사회, 어느 종교도 피할 수 없는 운명처럼 되었다. 종교가 적어도 눈에 보이지 않는 세계나 실재에 대해 말하고 있는 한, 성인의 말씀이나 경전의 초월적 권위를 주장하는 한, 종교적 가르침과 세속적 지성 사이의 괴리나 갈등은 피할 수 없다.

과학적 세계관과 역사적 상대주의의 도전

우리는 현대 종교가 직면하고 있는 세속적(탈종교화된) 지성의 도전을 두 가지로 요약할 수 있다. 하나는 과학적 세계관과 실증주의적 사고방식의 도전이고, 다른 하나는 역사적 사고방식의 도전이다. 둘 다 만만치 않은 도전이지만, 이를 외면하는 종교는 현대세계에서 외면당할 수밖에 없다. 종교의 '현대화'란 곧 이 두 가지 도전에 종교가 어떻게 대응하는가에 달려 있다 해도 과언이 아니다. 과학적 세계관과 실증주의적 사고방식이 보이지 않는 형이상학적 실재나 사후 세계에 대해 말하는 종교와 갈등을 빚는 것은 너무나 당연한 현상이다. 따라서 현대종교는 끊임없이 과학적 세계관이나 사고방식과 대화하면서 자신의 메시지를 전할 수밖에 없다.

현대세계에 보편화된 역사적 사고방식 또한 과학적 사고 못지않게 종교에 대한 심각한 도전이 되고 있다. 역사적 사고에 의하면, 존재하는 모든 것은 예외 없이 어느 시기 어느 지역, 어느 사회와 문화에 역사적 기원이 있으며 역사적 변천 과정을 거쳐 왔다. 인간의 사회와 문화뿐 아니라 자연도 진화의 역사가 있으며, 우주도 영원한 것이 아니라 '빅뱅'이라는 시작이 있다. 단적으로 말해, 태양 아래 영원불변하고 절대적이고 신성불가침한 것은 아무것도 없다. 모든 것이 변하며, 변할 수 있고, 변해야만 한다는 생각이 현대인의 상식이 되었다. 인간이 만든 제도나 사상은 초월적 기원을 가진 것이 아니라 모두 역사적 산물이기에 상대성을 면하기 어렵다.

종교도 예외가 아니다. 종교가 아무리 초월적 진리, 절대적 진리를 주장한다 해도 현대의 역사적 사고는 종교가 언제 어떠한 역사적 상황에서 발생했고 어떻게 변화해 왔는지를 속속 밝히고 있다. 이에 따라 종래 신성한 권위를 지닌 것으로 간주되었던 경전이나 교리나 제도들이 언제 어떻게 형성되었고 어떤 과정을 통해 권위를 인정받게 되었는지 현대의 역사적 연구는 낱낱이 밝혀주고 있다. 역사적 연구가 종교의 초시간적인 '신화'적 권위를 무너트리기 시작한 것이다.

역사적 관점에서 보면 절대적인 것은 아무것도 없다. 종교가 지향하는 실재는 절대적이고 불변할지 모르나, 그것을 이해하고 그것과 관계를 맺는 인간은 역사의 제약을 받고 사는 존재들이기 때문에 우리가 사용하는 종교적 언어, 사상, 교리, 제도 등은 모두 역사적 우연성을 띠고 변화의 운명을 벗어나지 못한다. 인간이 만든 것은 언제든지 인간이 바꿀 수 있다는 생각이 보편화되면서 역사적 상대주의, 문화적 상대주의가 현대인들의 의식에 상식으로 자리하게 되었다. 각 종교의 근본주의자들이 이런 상황에 불안을 느껴 자기 종교의 한 부분을 절대화하고 고수하려 하지만, 이는 결국 패할 수밖에 없는 싸움으로 보인다.

과학적 세계관과 역사적 상대주의의 도전으로 권위를 상실하기 시작한 현대종교의 상황을 더욱 어렵게 만든 것은 이미 언급한 현대의 개방사회, 가치다원사회 자체. 민주사회의 혜택이자 정신적 혼란의 원인이기도 한 가치다원화, 종교다원화라는 현상 자체가 종교의 권위를 약화시키는 상대화를 수반하기 때문이다. 가치관과 종교가 개인의 자유로운 선택의 대상이 되는 사회에서는 어느 종교도 절대적 진리를 주장하기 어렵고 사회의 통일적 가치관을 제공하기 어렵다. 종교의 가르침이 개인적 선택의 대상이 되어버림으로써 사회적 보편성이 부여하는 권위를 상실하기 때문이다. '이단'을 뜻하는 영어의 '헤러시heresy'라는 말이 본래 '선택'을 뜻하는 그리스어hairesthai에서 왔다는 사실은 의미심장하다. 개인의 자유로운 선택이 곧 이단을 의미했던 사회가 전통사회라면, 현대사회는 이 이단적 선택이 모두에게 권리로 허용되고 보장되는 사회다.

종교다원화는 순수성 회복의 기회

현대 종교가 과학적 세계관이나 역사적 사고의 도전을 현대화의 기회로 삼아야 하듯이, 개방사회의 가치다원화와 종교다원화 역시 반드시 비관적으로 보거나 개탄할 필요가 없다. 종교의 다원화와 선택의 자유는 오히려 종교에 약이 되고 새로운 기회가 될 수 있기 때문이다. 종교다원사회가 종교에게 주는 새로운 기회는 두 가지 측면이 있다. 하나는 종교의 홀로서기와 이로 인한 종교의 순수성과 진정성의 회복이며, 다른 하나는 종교 간 대화의 기회와 이를 통한 종교의 창조적 발전이다.

한 종교가 사회의 지배적 종교로서 부와 권력을 독점하던 시대는 영구히 갔다. 적어도 민주사회, 가치다원사회, 종교다원사회로의 이행이 역사의 돌이킬 수 없는 추세라면 그렇다. 이제 어떤 종교도 지나간 시대에 누렸던 독점적 지위를 다시 누릴 수 없으며 과거에 대한 향수를 가져서도 안 된다. 서양 중세시대에 그리스도교가 누렸던, 혹은 고려 시대 불교나 조선 시대 유교가 누렸던 것과 같은 영광은 이제 어떤 종교에서도 불가능하다. 그리고 단지 '전통'이라는 이름(전통문화, 전통종교)에 기대어 혜택을 기대할 수도 없다.

1970~80년대에 급속하게 성장하여 이제는 한국사회의 주류 종교의 하나로 자리 잡은 그리스도교 역시 권력의 유혹을 경계하지 않으면 안 되는 상황에 놓여 있다. 현대 다종교사회, 탈종교 시대의 종교는 이제 외부의 도움 없이 '홀로서기'를 해야 한다. 순전히 메시지 자체의 힘과 영성으로 사람들의 마음을 사로잡아야 한다. 국가권력이나 정부의 지원 혹은 시혜에 기댈 수 없고 또 그런 것을 바라서도 안 된다. 현대종교는 순전히 개인의 영혼과 영성에 호소할 수밖에 없다. 역설적인 것은 이렇게 홀로서기를 할 수 있는 종교는 이전보다 더 순수한 종교, 더 진정성을 지닌 신자들을 확보하는 종교가 된다는 사실이다.

이런 점에서 현대사회가 요구하는 종교의 홀로서기는 종교에게

'감추어진 축복'이 될 수 있다. 종교로 하여금 과거에 누렸던 특권이나 전통의 권위에 의존하지 않고 종교 본연의 순수한 메시지에 의지하도록 만들기 때문이다. 이는 종교가 출발 당시의 원초적 상황으로 되돌아가는 것을 의미하기도 한다.

어떤 종교든 처음에는 소수자들의 종교로 시작했다. 사회적 기반이나 권력의 뒷받침 없이 오로지 창시자의 카리스마와 그가 전하는 메시지의 힘과 도덕적, 영적 감화력으로 얻은 신자들로 뭉친 작은 공동체로 시작했다. 그런 공동체가 점차 비대해지면서 사회의 주류 종교가 되고 나아가서 한 나라의 국교, 한 문명권의 문화를 지배하는 문화적 종교가 된 것이다. 하지만 이러한 성장은 종교가 값비싼 대가를 치르도록 했다. 인류의 종교사는 한 종교가 사회의 다수자의 종교가 되어 부와 권력을 누리게 되면 도덕적으로 타락하고 초창기에 지녔던 영적 순수성과 역동성을 상실하게 된다는 사실을 여실히 보여주고 있다. 콘스탄틴Constantinus 대제의 개종 이후 초기의 핍박받던 종교에서 핍박하는 제국의 종교가 된 그리스도교의 경우가 가장 좋은 예다.

종교가 사회나 문화의 지배적 종교가 되면, 자연히 세상, 세간, 세속의 가치들과 타협하면서 타락하게 된다. 그러면 종교 내에서 개혁운동이 일어나 새로운 종파 혹은 종교가 탄생하지만, 이들 역시 시간이 지나면 같은 운명을 되풀이하게 된다. 종교마다 잃어버린 초창기의 모습을 흠모하면서 그리로 되돌아가는 것을 개혁의 이념으로 표방하고 나서는 것도 이 때문이다. 종교의 역설이라고나 할까? 종교에서는 '성공'이 곧 실패라고 할 수도 있다. 어떤 종교든 사회에서 다수의 종교가 되는 순간 그 사회와 한통속이 되고 사회를 변혁할 정신적 힘을 상실하게 되기 때문이다. 실존주의 철학자 키르케고르의 말대로, 모두가 그리스도교인인 사회에서는 아무도 그리스도인이 아니게 되는 것이다.

이렇게 볼 때 현대 다종교 상황은 종교에게 반드시 불리한 현상이 아님을 알 수 있다. 모든 종교가 '소수자'의 종교가 될 수밖에 없는 현대의 종교다원사회는 오히려 종교로 하여금 본래의 순수성을 회복하게 만드는 기회를 제공한다. 경직화된 전통의 굴레와 무거운 제도의 갑옷을 벗어 던지고 새롭게 비상할 기회를 제공한다. 반면에 과감한 개혁을 통해 홀로서기를 하지 못하는 종교는 결국 현대세계에서 점점 살아남기 어렵게 된다. 과거 시대의 유산이나 관습, 박물관의 유물이나 관광 상품 정도로 만족해야 하는 처지에 놓이게 되는 것이다.

권력과 진리의 독점권 상실

대등한 세력을 가진 종교가 공존하는 종교다원사회에서는 종교가 '권력의 독점권'만 상실하는 것이 아니라 '진리의 독점권'도 상실하게 된다. 모든 종교는 명시적으로든 암묵적으로든 진리 주장을 편다. 자기 종교의 가르침이나 교리가 보편적이고 절대적인 진리라고 주장한다. 하지만 종교다원사회는 이러한 주장의 현실성과 설득력을 현저히 약화시킨다. 한 사회의 다수를 신자로 확보하고 있는 종교의 절대적 진리 주장은 쉽게 설득력을 지니지만, 종교가 다원화된 사회는 그러한 주장에 힘을 실어줄 만한 사회적 기반을 제공하지 않기 때문이다. 지식사회학이 주장하는 대로, 사회적 기반이 결여된 지식은 지식으로서 힘을 지니기 어렵게 된다.

보이지 않는 세계나 초월적 실재를 말하는 종교의 경우는 더욱 그럴 수밖에 없다. 나와 대등한 지성과 도덕성을 지닌 수많은 사람이 나와 다른 신앙과 종교사상을 따르고 있다는 사실 자체가 의식 있는 신자들에게는 이미 해결하기 어려운 문제를 제공하고 정신적 부담이 된다. 나의 종교가 가르치는 진리만이 유일하고 절대적인 진리라는 말인가? 그렇다면 다른 사람들은 전부 거짓 아니면 열등한 가르침에 따라 산다는 말인가? 그렇다고 종교의 상이한 진리 주장들을 평가할 수 있는 어떤 중립적인 척도가 있는 것도 아니다.

모든 종교가 동의할 수 있는 보편적 진리의 척도란 존재하지 않는다. 설령 어떤 사람이 그런 척도를 발견했다 해도, 모든 종교가 거기에 동의할 가능성은 거의 없다. 종교마다 절대적 진리라고 주장하는 것이 있고 그것을 진리의 척도로 삼기 때문이다. 이것이 종교의 진리 문제에서 해결하기 어려운 문제가 되는 이유다. 종교가 제시하는 도덕적 규범에 관한 한 모든 종교가 어느 정도 수긍할 수 있는 어떤 보편적 윤리, 이른바 세계 윤리 같은 것을 찾을 수 있을지 몰라도, 모든 종교사상의 진위나 우열을 가릴 만한 객관적 잣대를 찾기란 현실적으로나 이론적으로나 불가능에 가깝다.

진리는 절대적이지만 인간의 인식은 유한하다

현대 종교다원사회에서 종교의 상이한 진리 주장을 대하는 태도는 기본적으로 세 가지 범주를 벗어나지 못한다.

첫째는, 자기 종교만 진리를 안다는 독점적 배타주의다. 어떤 경우에도 자기 종교의 절대적 진리 주장을 포기할 수 없으며, 설령 타 종교의 진리를 부분적으로 인정한다 해도 최종적이고 궁극적 진리는 자기 종교만 알고 있다는 입장이다. 이러한 절대적 진리 주장이 자기 종교 내에서는 당연할지 모르나, 종교다원사회에서 타 종교를 대하는 태도에는 심각한 문제를 야기한다. 이웃 종교를 이해하려는 진지한 노력을 불필요하거나 불가능하게 만들기 때문이다. 매일 함께 살아야 할 이웃의 종교에 대한 존경은 고사하고 공정한 이해나 깊은 대화도 힘들게 한다. 배타주의 신앙에서는 종교 간의 갈등은 어떤 형태로든 피할 수 없다.

둘째는, 종교란 모두 다 근거 없고 믿을 수 없다는 세속주의의 입장이다. 많은 현대인이 암묵적이든 명시적이든 이런 입장을 가지고 산다. 그들은 보이지 않는 세계나 초월적 실재에 대해 안다고 하는 종교의 진리 주장에 대해 일반적으로 회의적이다.

셋째는, 모든 종교가 자기 나름대로 절대적 진리 혹은 궁극적 실재를 경험하고 알지만, 이 진리가 역사적으로 제약되고 문화적으로 굴절된 형태로밖에는 주어지지 않는다는 다원주의의 입장이다. 따라서 어느 종교도 배타적이고 절대적인 진리 주장을 펼 수 없고 펴서도 안 된다. 진리 혹은 실재 자체는 절대적이고 영원하지만, 이 진리를 접하고 아는 인간의 시각과 지식은 유한하고 상대적일 수밖에 없다고 생각하기 때문이다. 그뿐 아니라, 한 종교의 절대적 진리 주장은 오히려 그 종교가 지향하고 있는 초월적(형이상학적 혹은 인식론적) 실재 자체에 대한 반역이고 우상숭배가 될 수도 있다. 설령 자기 종교에서 말하는 진리가 인간의 생각이 아니라 하느님으로부터 온 계시라고 믿어도, 이 계시가 특정한 역사적 상황과 문화적 조건에서 인간이 이해할 수 있는 언어로 주어지는 한 결코 절대적일 수는 없다.

진리 자체 혹은 하느님 자신은 절대적이지만 인간이 진리를 파악하고 하느님을 이해한 것은 유한하고 상대적일 수밖에 없다. 이러한 다원주의적 입장은 모든 종교 사상과 신앙을 거부하는 세속주의도 아니고 자기 종교만의 진리를 절대화하는 배타주의도 아닌 제3의 길이다. 이렇게 진리 앞에서 겸손하고 자기 반성적인 태도야말로 현대세계에서 종교가 진정성을 가지고 대화하고 상생을 넘어 창조적으로 발전할 수 있는 가장 성숙한 자세라고 할 수 있다.

종교의 독점욕과 지배욕

종교사회학자들 가운데는 현대 다종교사회에서 종교가 처한 상황을 시장경제 상황에 빗대어 이해하는 사람도 있다. 종교에 대한 냉소적 시각이지만 생각해 볼 만한 시사점이 있다. 시장경제에서는 언제나 독과점이 문제가 된다. 한 기업이 자본이나 기술력을 앞세워 시장점유율에서 동종의 타 기업과 비교가 안 될 정도로 지배력을 행사한다면, 그 기업이나 사회를 위해서도 결코 바람직스럽지 않다. 경쟁자 없는 기업은 발전이 없고 독점기업은 고객에게 횡포를 부리기 마련이기 때문이다.

종교의 독과점도 마찬가지다. 종교라고 독점욕과 지배욕이 없는 것이 아니다. 종교의 메시지는 인간의 욕망을 경계하지만, 제도화된 종교는 항시 집단적 이기주의와 독점욕의 유혹을 받는다. 경쟁과 견제가 없으면 종교도 권위주의적이 되고 타락한다. 다종교 상황은 이러한 폐단을 막고 종교로 하여금 홀로서기를 강요하는 숨은 축복이다. 다종교사회의 종교는 당연히 서로를 의식하며 자극을 주고받는다. 선의의 경쟁의식도 갖게 된다. 경쟁 자체가 나쁜 것이 아니라, 무엇을 위한 경쟁이냐가 문제다. 세력 확장을 위한 것이냐 아니면 신자들의 삶과 사회를 진정으로 변화시킬 힘을 지닌 메시지와 실천의 경쟁이냐가 중요하다.

다원주의에 입각한 종교 간의 진정성 있는 대화는 다종교사회의 화합과 통합을 위해서 뿐 아니라 한 종교의 창조적 발전을 위해서도 필수적이다. 종교학자들 가운데는 대화를 강조하는 현대종교의 현상을 종교가 시장을 독점하고 싶어도 하지 못하는 상황에서 오는 불가피한 타협의 산물, 혹은 현대세계에서 설 자리가 점점 좁아지면서 공멸의 위기에 처한 종교가 살아남기 위한 고육지책이라고 보는 냉소적 시각도 있다.

종교 간의 대화가 현대종교의 생존전략의 일환이라는 견해는 냉소적 시각이지만, 대화에 임하는 종교가 지녀야 할 태도에 대해 중요한 점을 시사한다. 사실 종교 간의 대화가 종교가 시장화된 현대사회에서 살아남기 위한 전략이거나, 배타주의가 더 이상 통하지 않는 풍토에서 독점욕을 은폐하고 영토를 확장하려는 선교 방편에 지나지 않는다면, 그런 대화는 처음부터 하지 않는 편이 더 솔직하고 나을 것이다. 결코, 진정성 있는 대화, '상생을 위한' 대화, 배우려는 자세의 겸손한 대화, 자기 종교의 개혁과 발전을 위한 창조적 대화가 될 수 없기 때문이다.

민주사회의 가치와 대화하는 종교

현대 다종교사회의 종교 간 대화는 비단 종교 사이의 대화뿐 아니라 민주사회를 떠받치고 있는 근본정신과 가치들과의 대화여야 한다는 점을 강조하고 싶다. 더 나아가 현대종교는 세속적 지성의 날카로운 종교비판과도 진정성 있는 대화를 나눠야 한다.

어떤 종류의 초월적 세계도 거부하는 세속주의는 종교의 적임이 틀림없지만, 종교는 이러한 세속주의의 비판적 시각이 지닌 장점을 간과해서는 안 된다. 세속적 지성의 날카로운 종교비판은 종교인들의 양심을 일깨워주며 종교의 개혁을 유도하는 자극제 역할을 할 수 있기 때문이다. 근대 세속주의는 전통사회에서 종교가 보였던 횡포로부터 인간을 해방하는 데 크게 공헌했고, 사람들이 자기 자신의 신념에 따라 선택한 가치를 추구할 수 있는 자유로운 사회를 만드는데 크게 기여했다. 그럼으로써 종교를 단지 전통이나 관습이 아니라 개인의 진정성 있는 신념으로 선택하고 따르도록 했다. 민주주의는 단지 정치제도나 체제만의 문제가 아니다. 민주주의는 다양한 인간 집단이 상이한 종교와 신앙, 사상과 신념, 가치관과 삶의 방식에 따라 자유롭고 평화롭게 공존할 수 있도록 해주는 유일한 제도라는 점에서 인류가 낳은 가장 성숙하고 위대한 제도다.

민주주의는 그 자체의 이념과 가치들, 덕목들을 가지고 있다. 나와 마찬가지로 타인들 모두가 지닌 인격과 인권에 대한 존중, 나와 다른 가치관과 삶의 방식, 신앙을 가지고 사는 사람들 모두의 권리와 자유에 대한 존중, 법 앞에서 만인의 평등, 평화로운 사회에 필수적인 사회정의 그리고 공과 사를 엄격하게 구별할 수 있는 공직자들의 철저한 공인의식 등이 민주주의라는 제도를 뒷받침해 주고 있는 정신적 요소들이다. 유감스럽게도 우리나라 종교지도자들이나 신자들 그리고 공직자들 가운데는 이러한 사실을 충분히 의식하지 못하고 지각없이 행동하는 사람들이 적지 않아 사회에 종종 큰 물의를 일으킨다.

민주주의의 기본 가치와 질서를 인정하고 존중하는 태도가 국민 가운데 일반화되지 않으면 제도로서의 민주주의는 껍데기에 불과하다. 요즘 말도 안 되는 '갑질'로 온 나라를 시끄럽게 하는 일부 특권층의 행태는 바로 이러한 사실을 너무나 잘 보여주고 있다. 정치제도로서의 민주주의는 쉽게 모방하고 도입할 수 있을지 모르나, 그 배후에 있는 이념과 가치, 사고방식을 사회 구성원들이 내면화하고 자기화하는 일은 더 어렵고 오랜 세월을 필요로 한다. 제도로서의 민주주의는 우리 사회에서 정착 단계로 들어갔지만, 혈연과 지연, 학연을 초월하는 성숙한 시민의식이나 공과 사를 엄격하게 구별하는 공인의식 같은 것은 아직 한참 부족하다. 이는 종교계도 마찬가지다. 어느 종교의 신자든 다종교사회에는 타 종교에 대해 지켜야 할 민주사회의 덕목이 있고, 그것을 몸에 익혀야만 한다. 일부 개신교 신자들이 보여온 타 종교에 대한 몰지각한 배타적 언행과 태도는 바로 이러한 시민적 덕목이 아직 우리 가운데 내면화되지 못하고 있음을 잘 보여준다. 그뿐만 아니라 일부 종교지도자들이 보이는 일반인들의 상식과 평균 도덕성에도 못 미치는 행태는 우리나라 종교계가 현재 어떤 수준의 단계에 있는지를 여실히 보여주고 있다. 한 나라의 민주주의는 그 나라 사람들의 민도를 넘지 못한다고 하는데, 최근 우리 종교계에도 똑같은 말을 하고 싶다. 종교지도자들의 수준은 신도들의 수준에 비례한다고 말이다.

민주주의 정신적 토대는 또 하나의 '성스러운' 이념이며 '종교'이다. 민주사회의 구성원 모두 즉 남녀노소, 신분, 계층, 지위, 종교 소속 여하를 막론하고 존중하고 지켜야 할 절대적이고 성스러운 가치와 덕목들을 가지고 있기 때문이다. 민주주의는 그 자체의 '성전'을 가지고 있다. 이 민주 성전을 세우고 지키기 위해서 수많은 사람이 피를 흘렸고 생명을 바쳤다. 이들은 민주주의의 순교자인 셈이다.

따라서 현대 사회에서 종교 간 대화는 단지 종교 간의 대화뿐 아니라 종교가 표방하는 가치들과 민주주의의 성스러운 이념이나 가치들과의 진지한 대화도 해야 한다. 각 종교는 타 종교와의 대화 못지않게 민주적 질서가 요구하는 가치와 덕목들에 대해 입장을 확실하게 정립하고 가르칠 필요가 있다. 이는 현대 종교가 당면한 가장 중요한 과제 가운데 하나이다. 사실 민주사회가 지켜야 할 가치와의 대화는 종교 간의 대화보다 더 선행하고 우선적이 되어야 할지 모른다. 종교 간의 대화가 진정성을 지닌 상생의 대화가 되기 위한 필수조건이기 때문이다.

종교는 타 종교와의 대화를 외치기 전에 민주사회의 근대적 질서와 가치를 가르치고 내면화하는 일에 먼저 힘을 기울여야 한다. 한국 종교계의 많은 문제가 신앙의 진리나 교리가 아니라 민주사회의 기본 상식과 덕목의 결핍에서 발생하고 있기 때문이다. 아무리 신앙의 자유가 있다 해도, 다원사회에서는 그 자유를 행사하는 방식에 여러 가지 제약이 따른다. 타 종교의 기물을 훼손하거나 경내에 들어가 선교 활동을 벌이는 일은 절대로 용납할 수 없는 일이다. 더 나아가서 대중이 이용하는 지하철에서 듣기 싫어도 들을 수밖에 없도록 '예수 천국, 불신 지옥'을 외친다면 법의 제재를 받아도 마땅하다. 또 자기 종교를 믿지 않는 사람은 다 지옥행이라며 서슴지 않고 언어폭력을 일삼는 신자가 있다면, 이 또한 민주사회의 제재를 받아 마땅하다.

종교 간의 상생을 위해서는 두 가지 조건이 꼭 필요하다. 하나는 민주사회의 기본 질서가 요구하는 성스러운 가치와 덕목을 존중하는 자세이다. 다른 하나는 종교가 추구하는 궁극적 실재 자체는 영원하고 절대적일지 모르나 그것을 추구하고 인식하는 종교는 결코 절대적인 진리 인식을 주장할 수 없다는 역사의식과 절대적 진리·실재 앞에서 가져야 할 겸손한 자기 성찰이다. 이 두 자세가 결여된 종교 간 대화는 그야말로 '살아남기' 위한 대화, 은폐된 지배욕을 충족시키기 위한 진정성 없는 대화가 되고 말 것이다. 상생이 아니라 상쟁의 대화, 창조적 대화가 아니라 갈등을 부추기는 대화로 변질되기 쉽다.

종교다원주의에 대하여

• • •

종교와 진리 주장

나는 앞에서 진정한 종교 간의 대화와 이해를 위해서는 어느 종교도 진리의 독점권을 주장할 수 없고 독점해서도 안 된다는 점을 강조했다. 이는 말은 쉬워도 종교로서는 결코 수용하기 쉬운 일이 아니다. 절대적 진리 주장을 생명처럼 여겨왔던 종교가 과연 이를 포기하거나 타협하고도 종교의 기능을 수행할 수 있을지 의문을 제기하는 사람도 많다. 종교를 이끄는 지도자들이나 성직자들은 말할 것도 없고, 신심이 깊은 일반 신자들도 의구심을 가질 것이다. 절대적 진리에 대한 절대적 확신 없이 누가 그런 불확실한 종교에 몸을 던질 것인가 하고 반문하는 사람도 있다. 종교다원주의는 각 종교가 공생하는 길이 아니라 공멸하는 길이 아닌가 하고 비판하는 사람도 있을 것이다.

사실 종교가 다수 존재한다는 사실은 자기 종교의 진리 주장을 하는 신자들에게는 무척이나 곤혹스러운 일이다. 특히 이들 다수 종교가 천 년 이상이나 된 유구한 전통을 가지고 있고 무수한 사람에게 영향을 준 종교라면 더욱 그렇다. 자기 종교만 궁극적 진리를 안다는 배타주의적 입장을 제외하고, 이 문제를 해결하는 가장 간단한 방법은 종교란 근본적으로 개인이 느끼는 감정이나 경험이며 어떤 객관적 진리를 주장하는 것이 아니라는 생각이다. 마치 사람마다 입맛이 다르고 옷 입는 취향과 미적 감각이 다르듯이, 종교가 서로 다른 진리, 다른 말을 한다고 해서 이상할 것도 문제가 될 것도 없다는 것이다.

도덕적 판단에 대해서도 이런 입장을 취하는 이론이 있다. 선악의 판단이나 가치 판단은 개인의 느낌이나 정서의 문제이지 결코 옳고 그름을 따질 수 있는 객관적 지식의 문제가 아니라는 주장이다. 윤리학에서는 이러한 입장을 '정의주의emotive theory'라고 부른다. 도덕적 판단이나 가치 판단은 사실에 관한 판단이 아니므로 결코 옳다 그르다 판단할 지식의 범주에 들지 않으며 그렇게 취급해서도 안 된다는 이론이다.

우리 삶에 그토록 중대한 영향을 미치는 도덕과 가치관의 문제에 대해서조차 이런 식의 주장을 할 수 있다면, 눈에 보이지 않는 세계나 실재에 대해 말하고 있는 각 종교의 상이한 주장을 그런 식으로 개인의 느낌이나 체험 정도로 치부하기가 더욱 쉬울 것 같다. 적어도 외부자의 관점에서는 더욱 그렇다. 종교가 다루는 초월적 진리, 실재, 세계는 우리의 감각적 경험을 초월하며 일반 상식이나 지식으로 잡히지 않기 때문이다. 그래서 종교와 지식, 신앙과 인식의 관계를 다루는 종교철학자들 가운데는 이른바 신앙주의fideism의 입장을 취하는 사람도 있다. 신앙은 결코 지식의 문제가 아니라 개인의 실존적 결단과 선택의 문제라는 것이다. 신앙을 객관적 지식으로 뒷받침하는 일은 불가능하며 할 수도 없고 해서도 안 된다는 입장이다.

우리는 과연 도덕과 종교의 문제에 대해 이런 식의 주관주의적 입장에 만족할 수 있을까? 일단 상식에 반하며 너무나 안이하고 무책임한 이론이라는 생각이 들 것이다. 도덕과 종교를 옳고 그름과 무관하게 진리의 문제에서 배제하고 개인적 경험이나 사적 선호의 문제로 돌리는 것은 또 상식에 반하는 것으로 보인다. 사람들은 일반적으로 도덕적 규범이 객관적으로 실재하며 보편타당성을 지닌다고 믿고 지켜야 한다고 생각한다. 가령 정직성이나 약속을 지키는 신의는 언제 어디서 누구든지 지켜야만 하는 보편적인 원칙이라고 믿고 지킨다. 물론 여러 이유로 어기거나 잘 지키지 못할 때도 많지만 말이다.

또 대다수 사람은 살인이나 도둑질은 어떤 경우에도 옳지 않다고 믿는다. 설사 어떤 강한 유혹에 못 이겨 지키지 못한다 해도, 그러한 도덕 규범이 보편타당성을 지닌다는 것을 의심하지는 않는다. 나에게 유리할 때는 약속을 지켜야 하고 불리할 때는 안 지켜도 좋다고 생각하는 사람은 양심이 마비된 사람이 아니고는 아무도 없을 것이다. 한 걸음 더 나아가서, 우리의 생활방식이나 관습은 사회나 문화에 따라 다를 수 있고 바뀔 수 있다고 생각할 수 있다. 하지만, 몇몇 근본적인 도덕 규범이 개인에 따라, 혹은 사회나 문화에 따라 다를 수 있다는 도덕 상대주의를 신념으로 믿고 사는 사람은 별로 없다. 철학적으로 말하면 대다수 사람은 도덕 실재론자들이다.

문자적 언어의 한계

종교적 교리나 사상도 진리 주장을 피할 수 없기는 마찬가지다. 아무리 눈에 보이지 않는 초월적 실재에 관한 것이라 해도, 종교도 언어를 사용하는 한 모종의 진리 주장은 피할 수 없다. 가령 "하느님은 계신다"라고 말하는 사람은 고의로 거짓말을 하지 않는 한 자기 말이 참이라고 생각하면서 말한다. 사실 우리가 일상적으로 하는 말은 모두 그렇다. "지금 비가 온다"라고 말하는 사람은 "지금 비가 온다는 것은 참이다, 사실이다"라는 명제를 암묵적으로 깔고 있다. 의도적으로 거짓말을 하는 경우를 제외하고는 자기가 하는 말이 사실과 다르다고 생각하면서 말하는 사람은 없다. 비록 종교의 언어가 문자적 의미로 진리는 아니라 해도 어떤 객관적 진리나 진실에 대해 말하고 있지, 순전히 개인의 주관적 경험에 관한 것일 뿐이라고 생각하는 사람은 별로 없다.

이것은 종교에서 개인적 경험이 중요하지 않다는 말이 아니다. 종교적 경험 없이는 종교가 성립되지 않을 정도로 중요하다. 그러나 경험이란 항시 믿을 만한 것이 못 된다. 나의 종교적 경험은 단지 나의 주관적 환상에 지나지 않을 수도 있기 때문이다. 때로는 목숨까지도 걸 종교적 진리의 문제를 순전히 개인의 체험과 확신에만 맡기는 것은 신자들의 시각에서는 수용하기 어려운 위험한 일이다.

모든 종교는 암묵적이든 명시적이든, 문자적이든 상징적이든, 모종의 객관적 진리 주장을 펴고 있다. 이러한 진리 주장을 무시하고 종교 사이의 교리나 사상의 불일치 내지 상충성의 문제를 해결하려는 것은 너무나 안이한 방법이며 문제의 회피는 될지언정 정직하고 진지한 길은 아니다.

나는 이런 의미에서 도덕의 문제에 있어서 실재론자realist이듯이 종교적 진리 문제에서도 실재론자다. 존재론적 뒷받침 없는, 다시 말해서 실재 자체에 근거하지 않은 도덕이나 종교는 허구이며 주관적 환상에 지나지 않을 것이라는 생각을 지울 수 없기 때문이다. 물론 이것은 종교가 상식적 진리나 과학적 지식같이 비교적 확실하고 객관성을 띤 진리를 주장한다거나 그럴 수 있다는 뜻이 아니다. 종교에서 말로 할 수 없는 초월적 경험이나 신비 경험을 뺀다면, 종교가 교리나 형이상학은 될지언정 생명력은 사라질 것이고, 사람들의 마음을 매료하고 사로잡는 힘도 사라질 것이다.

종교는 단지 도덕이나 지식, 철학이 아니다. 종교는 그런 것들로 환원할 수 없고 그래서도 안 될 독특한 세계를 가지고 있다. 종교학자 루돌프 오토R. Otto의 유명한 표현을 빌리자면, 종교는 말로 할 수 없는 어떤 "두렵고 매혹적인 신비mysterium tremendum et fascinans"의 감정 같은 것을 기저에 깔고 있다. 그럼에도 종교를 순전히 개인적 느낌이나 주관적 심리상태, 혹은 한 사회의 구성원들이 공유하는 경험, 심지어 종교

사회학자 뒤르캥의 이론대로 어떤 집단적 흥분 같은 데서 유래하는 관념으로 간주하는 이론은 자칫하면 종교를 우리의 주관적 환상 혹은 욕망이나 바람을 투사한 희망사항 정도로 만들기 쉽다. 종교에 몸담고 있는 사람치고 이런 견해를 수용할 사람은 별로 없을 것이다.

신의 계시든 깊은 명상이든, 혹은 그 밖의 어떤 강렬한 탈아적 경험이나 신비체험을 한 사람이라도, 이 경험이 자신의 심적 상태를 넘어서 어떤 외적 세계, 객관적 사실 혹은 내 밖의 어떤 실재에 관계되는 것으로 생각한다. 그것이 단지 일시적 감정이나 마음의 상태일 뿐이라고 생각하는 사람은 거의 없다. 오히려 그 반대로, 강한 종교적 경험을 한 사람은 자기가 경험한 것이 현실 세계보다도 더 리얼하고 참된 세계에 관한 것이라고 확신한다. 비록 객관화된 언어로 쓰인 교리나 경전의 말씀이 상징적 언어라 해도, 이 상징이 가리키고 있는 언어 너머의 실재가 엄연히 존재한다고 생각한다. 그러면서 동시에 이 상징적 언어들이 그 실재 자체를 드러내기에는 불충분하다고 말한다. 종교경험, 신비경험을 한 사람들이 이구동성으로 하는 말은 실재 자체는 언어를 초월한다는 것이다.

내가 종교적 언어의 진리 주장을 인정하면서 다른 한편으로는 그 한계성을 강조하는 모순된 듯한 입장을 취하는 것은 종교적 진리의 다양성 문제를 너무 안이하게 해결하려는 한 극단을 피하고, 동시에 종교적 언어를 문자적으로 경직되게 취하는 또 다른 극단도 피하려는 데 있다. 종교의 언어들은 영적 경험을 통해 확실히 모종의 초월적 실재를 지향하고 있으며 그것을 접하고, 경험하고, 안다고 주장한다. 그러나 동시에 그런 주장을 하는 사람도 종교적 언어, 즉 경전이나 교리의 언어 혹은 신비체험을 말하는 언어 등의 한계를 인정하면서 문자적 이해에 대해 경고한다.

이 점에서 신비주의자들과 영성의 대가들은 일치한다. 그들은 자기가 속한 종교 전통의 언어를 사용하면서도 그 한계를 절감하고 진리 앞에서 겸손하다. 바로 이 겸손이 다른 종교의 사상과 진리 주장에도 경청할 수 있는 여지를 남겨두게 한다. 진리 주장을 하면서도 진리 앞에서 겸손한 태도야말로 오늘의 세계가 절실하게 요구하는 종교 간의 진정한 대화와 일치 운동에 열쇠가 된다. 종교의 진리 문제에서 이래도 좋고 저래도 좋다는 식의 주관적 상대주의가 아니다. 그렇다고 종교 언어의 상징성을 도외시하고 언어를 문자적으로 혹은 궁극적인 것으로 취하여 쉽게 타 종교의 진리와 모순된다고 여기면서 배타적인 태도를 취하고 자신이 따르는 종교의 진리를 절대화하는 배타주의도 아닌 제3의 길이다. 종교철학에서 이러한 입장을 가장 명료하게 대변하는 학자로서 가장 널리 알려진 사람은 영국의 저명한 종교철학자 존 힉J. Hick일 것이다. 아래는 그의 종교다원주의론에 대한 간단한 소개다.

존 힉의 종교다원주의론

힉에 의하면, 유구한 전통을 지닌 세계 굴지의 종교는 인간의 유한성·역사성에서 오는 불가피한 진리 인식의 제약에도 불구하고 각기 자기 방식으로 신 혹은 실재Reality를 인식하며 구원·해방을 경험한다.

힉은 궁극적 실재를 가리키는 말로써 초기에는 '하느님'이라는 단어를 사용해서 '하느님 중심적' 종교다원주의를 주창했으나, 나중에는 '하느님God'이라는 말이 유대교, 그리스도교, 이슬람처럼 유일신신앙의 종교에 편향된 것이라는 생각 때문에 하느님 대신 '실재'(Reality: 대문자 'R'에 주목)라는 철학적 개념을 사용하여 '실재 중심'의 종교다원주의를 펴게 되었다.

힉의 종교다원주의는 세계 주요 종교의 도덕적, 영적 수준은 우열을 가리기 어려울 정도로 대등하다는 부인하기 어려운 사실에서 출발한다. 이 종교는 모두 인간을 '자기중심적' 존재에서 '실재중심의' 존재로 변화시키는 힘을 가지고 있다. 힉은 이런 사실을 설명하기 위한 가설로서 종교다원주의 이론을 전개한다.

힉은 인간의 인식 활동은 결코 물 자체Ding an sich를 인식하지 못한다는 철학자 칸트의 인식론을 수용하면서, 칸트와는 달리 인간은 종교적 경험을 통해 실재에 접할 수 있다는 입장을 취한다. 다만 종교적 경험도 실재 자체를 있는 그대로 접하지는 못하고 각 종교가 처해있는 문화가 제공하는 인식의 틀 내지 범주를 통해 굴절된 형태로 경험할 수밖에 없다는 것이다. 종교적 경험이 종교와 문화에 따라 다르고 그 표현이 더욱 다양한 이유가 여기에 있다.

힉에 따르면 인간의 경험이란 언제나 '~으로서의 경험experience-as'이다. 즉 언제나 해석된 경험이라는 것이다. 신 혹은 실재 그 자체를 접하는 종교적 경험도 마찬가지다. 종교 전통과 문화에 영향을 받지 않는 순수한 종교적 경험은 우리가 지상에 거하는 한 결코 주어지지 않는다. 우리는 언제나 특정한 언어와 문화의 틀을 통해 사물과 실재를 경험하기 때문이다. 힉은 이러한 입장에 따라, 세계 종교사에 나타난 궁극적 실재를 접하는 종교경험의 두 가지 큰 유형에 주목한다. 하나는 궁극적 실재를 유대교, 그리스도교, 이슬람 같은 유일신신앙의 종교처럼 인격적 실재로 경험하는 유형이다. 다른 하나는 불교, 유교, 도가 사상 그리고 일부 힌두교 사상에서처럼 탈 인격적 실재로 경험하는 유형이다.

힉은 이 두 유형의 차이는 결국 실재를 접하고 경험하는 사람들이 속한 문화적 전통과 환경의 차이에 기인한다고 본다. 실재 그 자체는 이 두 범주를 초월하기 때문에 무엇이라고 규정할 수 없다. 어떤 종교도 실재 그 자체를 있는 그대로 알 수 없으며 주어진 문화 전통과 환경의 영향 아래 불완전한 방식으로 접할 뿐이다.

종교는 각기 나름대로 진리의 빛을 발하고 있지만 역사적, 문화적 조건의 제약을 받아 굴절된 형태로 이 빛을 반사할 뿐이다. 따라서 모든 종교는 진리, 실재 인식의 한계를 인정해야 하며 자기 종교의 진리를 절대화해서는 안 된다. 오히려 겸손하게 타 종교와 대화하고 상호 이해를 통해 시야를 넓히고 심화해 갈 필요가 있다.

힉은 이것이 종교다원 세계를 사는 현대 신앙인들의 자세라고 말한다.

언어를 초월하는 신비체험은 모두 같다?

종교는 여럿이지만 신비주의는 하나라는 말이 있다. 여기에서 신비주의는 절대적 실재와 완전히 하나가 되는 신비적 일치 내지 합일 unio mystica의 경험을 가리키는 말이며, 신비주의자들이 사용하는 언어나 글 같은 것을 가리키는 것은 아니다. 신비주의자들이 사용하는 언어와 문자는 종교 교리 못지않게 다양하기 때문이다. 신비적 합일을 표현하는 신비주의자들의 언어가 같다는 말이 아니라 그런 언어 이전 혹은 언어를 초월하는 신비체험 자체가 동일하다는 것이다. 이것은 각기 다른 진리 주장을 펴는 종교의 다양한 교리와 교설을 넘어서 불가언적 신비경험 그 자체에서 종교의 일치를 보려는 견해이다. 과연 맞는 말일까?

문제의 핵심은 신비주의자들이 주장하는 바와 같이 언어를 초월하는 혹은 언어 이전의 신비체험 같은 것이 과연 가능한가 하는 것이다. 이 문제는 다시 도대체 '경험'이란 것이 무엇이냐는 철학적 문제를 제기한다. 가령, 언어를 전혀 모르는 어린아이에게도 경험이란 것이 가능할까?

우리는 일단 모든 경험이 반드시 언어를 필요로 하거나 수반하는 것은 아니라는 점을 인정하는 데서 논의를 시작해 보자. 가령 장엄한 자연경관에 압도돼 잠시 말을 잃는다든가, 기막히게 아름다운 음악에 넋을 잃는 경험 같은 것이 비언어적 경험에 속할 것이다. 드물지만 우리는 그런 경험을 한다. 그렇다면 언어를 초월하는 혹은 언어 이전의 신비체험도 이와 유사하게 생각할 수 있지 않을까? 그렇다면 신비주의자들은 정말로 자기가 속한 종교 전통이나 문화 환경을 잠시 벗어나 그야말로 '순수한' 비언어적 경험 같은 것을 하는 것일까? 아무리 순간적이라 해도 사람이 과연 자기가 태어나서 살아온 문화와 종교 환경 즉 예배 의식, 수행, 상징물, 경전, 교리 등과 전혀 무관하게 종교적 경험을 할 수 있을까?

이에 대해 종교학자들, 철학자들, 신비주의 연구가들 사이에 많은 논의가 진행되었고 다양한 입장이 개진되었다. 자세한 논의는 피하고, 다만 나는 개인적으로 힉의 견해에 찬동하는 편이라는 점만을 우선 밝혀둔다. 나는 언어에 의해 매개되지 않은 순수경험의 가능성에 대체로 회의적이다. 아무리 황홀하고 압도적인 경험이라도 경험하는 순간에 의식이 작동하고 있지 않을까? 그렇지 않다면 어떻게 그 후에 회상과 기억이 가능할까? 의식이 있다면 생각이 있을 것이고 생각이 있다면 언어가 이미 개입되는 것이 아닐까?

신비주의자들이나 영성의 대가들이 경험한 신비적 합일의 경험이 아무리 순수하고 초월적이라 해도, 그들도 하늘에서 뚝 떨어진 존재가 아니고 땅을 딛고 사는 인간인 한, 각기 자기가 속한 종교 전통과 문화의 영향을 피할 수 없을 것이다. 종교경험은 결코 정신적 진공상태에서 주어지는 것이 아니다. 우리는 모두 특정 종교 전통의 틀 내에서 영적 체험을 한다. 또 종교에 따라 우리가 익힌 수행법도 서로 다르다는 점을 고려하면, 우리의 경험도 똑같지는 않을 것이다. 그렇다면 우리는 교리나 사상은 물론이고 신비적 경험에서도 종교의 궁극적 일치를 찾기 어렵다는 결론이 따른다. 신비주의자들도 자기들이 딛고 있는 땅과 몸담고 사는 사회와 호흡하면서 살기 마련이며 그들이 속한 시대와 역사, 문화와 종교의 제약 아래 초월적 경험을 한다. 신비경험이 동양과 서양이 다른 형태를 띠는 것은 이 때문이며 종교마다 차이가 나는 것도 이 때문일 것이다.

모든 종교는 동일한 궁극적 실재를 지향한다는 가설

나는 인간 영혼 깊이 숨어 있는 신성과 영성의 순수성을 믿지만, 그것을 자각하고 실현하는 것은 어디까지나 특정한 역사적 제약 속에서 이루어진다고 본다. 따라서 나는 종교 간의 궁극적 일치를 신비적 '경험'보다는 그런 경험을 가능하게 하는 어떤 불가언적 '실재'에서 찾는다. 즉 종교가 갈망하고 접하고자 하는 경험의 대상인 신 혹은 실재 그 자체에서 찾는다는 말이다.

우리가 종교경험을 통해서 하나가 되고자 하는 실재, 우리의 종교경험을 유발하는 실재 자체에서 종교는 궁극적으로 하나다. 그러나이 실재는 그 어느 종교, 어느 신비주의자에 의해서도 있는 그대로 경험되지는 않는다. 가령 우리가 꿈에 어떤 도인 같은 존재를 만난다면('도인'이라는 말 자체가 동아시아 문화권과 종교에서 사용되는 말이고, 이미 경험을 해석한 말이지만) 불자의 경우에는 필경 부처님의 모습으로, 그리스도인의 경우는 예수님의 모습으로 나타날 것이며, 꿈에서 깨어난 후에는 더욱 당연하게 그렇게 해석할 가능성이 크다.

나는 영성의 대가들이나 신비주의자들이 어떤 절대적 실재, 궁극적 실재를 경험한다는 사실을 의심하지 않지만, 각자 자기가 속한 종교와 문화와 언어 공동체의 일원으로서 그 영향 속에서 굴절된 형태로 경험한다고 믿는다. 더욱이 그들이 자신의 신비경험을 자기가 속한 공동체 사람들에게 전달하려 할 경우에는 그 공동체의 언어로 할 수밖에 없다. 따라서 절대적 실재가 종교 전통에 따라 달리 경험되고 다른 이름으로 불리는 것은 너무나 당연한 일이다. 유일신 종교의 하느님, 힌두교의 브라만, 도가의 도道 혹은 원기元氣, 유교의 태극이나 천天 등이 그렇다.

그렇다면 이런 개념적 차이에도 불구하고 상징어들이 가리키고 있는 궁극적 실재 자체는 동일하다고 해야 하지 않을까? 그런 개념을 산출한 종교적 경험도 상이하지만, 그런 경험들을 유발하는 궁극적 실재 자체는 하나라고 생각해도 되지 않을까 하는 것이다. 이것은 결코 입증될 수 있는 성질의 이론이 아니라 어디까지나 추측이며 '모든 종교가 동일한 궁극적 실재로부터 왔으며 동일한 실재를 지향하고 있을 것'이라는 가설이다. 다양한 종교적 상징이나 경험이 모두 같은 실재에 대한 다른 반응들이고 표현들일 것이라는 추측이다. 결코 입증할 수 있는 성질의 가설은 아니지만, 우리는 이를 뒷받침해 줄 만한 상황과 개연성을 높여줄 만한 현상들을 인류 종교사를 통해 많이 발견할 수 있다.

길은 달라도 같은 정상에서 만나리라는 희망

이 희망을 높은 개연성이 있는 가설로 만드는 세 가지 이유를 들 수 있다.

첫째, 우리는 가장 일반적으로 호모 사피엔스의 출현 이래 모든 인간의 인간성, 즉 신체, 지성, 감성, 도덕성, 영성 등이 근본적으로 거의 동일한 수준이며, 종교와 문화가 비슷한 수준으로 발전해왔다는 사실에 주목할 필요가 있다. 인종이나 민족이 처한 지리적 환경과 삶의 조건이 달라 문화가 다르고 종교도 다르지만, 인간의 도덕적 수준과 영적 수준은 거의 동일하다. 특히 구약성서의 대 예언자들, 인도 우파니샤드의 현자들과 붓다, 소크라테스를 비롯한 그리스 철학자들, 페르시아의 조로아스터, 중국의 노자, 공자, 묵자가 출현한 이른바 '기축시대'로 명명(K. Jaspers)된 시기에 이르러 인류의 도덕적, 영적 수준이 일제히 비약적으로 높아진다. 그때 이미 인류의 주요 종교와 정신문명의 기본적 패턴과 방향이 형성되었다 해도 과언이 아니다.

둘째로, 고대 세계의 혼령숭배나 다신숭배가 유일신신앙과 일원론적 형이상학monistic metaphyscis에 의해 극복된 후, 고등 종교는 기본적으로 단 하나의 궁극적 실재로 우주만물의 조화와 통일성을 이해하는 공통성을 보이고 있다. 유대교, 그리스도교, 이슬람의 유일신신앙 그리고 힌두교의 비슈누Visnu파와 시바Siva파 신앙·신학에서는 이 궁극적 실재가 세계를 창조하고 주관하는 인격신으로 경험된다. 반면, 동아시아의 도가 사상이나 유가 사상, 힌두교의 불이론적 베단타Advaita vedānta 철학과 서양의 플라톤, 신플라톤주의 사상에서는 우주 만물의 궁극적 실재를 모든 이름과 형상을 초월하는 우주 만물의 근거(근원)로 파악한다. 불교는 엄밀한 의미에서 이런 형이상학적 일원론에 속하지는 않지만, 다양한 현상계를 하나의 원리空, 佛性로 파악한다는 점에서는 크게 보아 일원론적 사상 계열에 속한다고 볼 수 있다.

중요한 점은 이 다양한 사상이 인간을 포함하여 모든 존재가 단 하나의 궁극적 실재에 의해서 존재한다고 보는 일원론적 사고를 공유한다는 사실이다. 하느님은 오직 한 분뿐이고, 궁극적인 형이상학적 실재 역시 하나이지 여럿이 아니다. 만물은 이 궁극적 실재에서 하나로 통하고 통일된다. 인류 종교사와 문명을 지배해 온 유일신신앙과 일원론적 형이상학은 우리의 가설, 즉 모든 종교가 결국 동일한 실재를 다른 방식으로 접하고 이해하지만 결국 동일한 실재를 지향하고 있을 것이라는 가설의 개연성을 한층 높여준다.

그뿐 아니라 우리는 궁극적 실재를 인격적으로 보기도 하고 탈 인격적으로 보기도 하는데, 이런 현상은 힌두교에서뿐 아니라 그리스도교, 불교, 도교 등 다른 종교 전통들에서도 나타난다. 열반에 든 붓다는 생사의 세계를 완전히 초월하기 때문에 사바세계의 중생들과는 아무런 교감도 하지 않는 초월적 존재로 간주 되지만, 대승불교의 불보살 신앙이 대중화됨에 따라, 특히 아미타불과 관세음보살에 대한 신앙처럼 부처와 보살들이 인격신과 마찬가지로 기도와 예배의 대상으로 숭배된다.

도교에서도 일체의 이름과 형상을 초월하는 무無로서의 도道를 태상도군太上道君 그리고 노자를 태상노군太上老君으로 인격신화 해서 숭배의 대상으로 삼았다. 그런가 하면 인격신 신앙이 주류인 그리스도교에서도 신을 탈인격·초인격적 실재, 즉 일자一者, unum, 존재의 근거·근원, 혹은 인간의 언어와 개념을 초월하는 불가언적 실재 등으로 파악하는 형이상학적 신관이 공존해 왔으며 이런 경향은 유대교나 이슬람에서도 발견된다. 결론적으로 말해, 우주만물의 궁극적 실재를 인격신으로 섬기는 유일신신앙과 탈 인격적 실재로 파악하는 형이상학적 신관의 차이가 한 종교 내에서조차 절대적이거나 명확히 구분되지 않는다는 것이다.

나는 앞에서 신비적 합일의 경험도 종교 전통에 따라 차이가 있음을 주장했지만, 우리는 이 차이를 결코 과장해서는 안 된다. 신비적 합일이 인격신과의 합일이든 혹은 어떤 형이상학적 실재와의 일치이든, 이 경험에 대한 영성가들의 증언은 많은 점에서 일치하고 있다. 가령 신비적 합일의 과정에서 추구하고 경험하는 마음의 가난과 비움, 무상, 무념, 무언 그리고 그런 가운데서도 항시 깨어있는 마음과 환한 광명의 체험 등은 종교에서 상당히 공통적이고 유사하다.

힉이 말하는 대로, 종교의 궁극 목표는 인간을 좁은 '자기중심적' 존재에서 '실재중심적' 존재로 변화시키는 데 있다. 이 변화된 마음 상태와 변화 과정에 대한 영성가들의 증언이 종교와 수행법의 차이를 넘어 유사성을 보이고 있다는 사실 또한 우연이 아닐 것이다. 그것은 신비주의자들의 영적 경험이 불가피한 차이에도 불구하고 동일한 실재에 바탕을 두고 있다는 가설에 한층 무게를 실어준다.

셋째, 우리는 또 종교 전통들 사이에 발견되는 유사한 주제들이나 패턴 등에도 주목할 필요가 있다. 우선 전체적 안목으로 볼 때, 인류 종교사는 혼령숭배와 다신신앙에서 유일신신앙 내지 일원론적인 형이상학으로 발전했다는 커다란 공통적 패턴을 보인다.

이 일원론적인monistic 궁극적·초월적 실재를 드러내는 언어의 용법에 두 가지 양태가 있다는 점도 주목할 만하다. 궁극적 실재에 대해 다양한 이름과 속성을 붙이는 긍정의 언사와 일체의 개념을 부정하는 부정의 언사를 사용하는 패턴으로써 불교, 그리스도교 등 여러 종교에 공통적인 현상이다. 또 우리는 각 종교에서 최고의 영적 경지에 오른 성인들이나 도인들이 공통으로 보이는 온화한 인품과 소박한 삶, 자유롭고 활달한 행보도 간과할 수 없다.

그런가 하면, 불교와 그리스도교가 지닌 현저한 교리적, 사상적 차이에도 불구하고 두 종교에서 발견되는 몇몇 유사한 주제들은 비교종교학자들의 주목을 끌어왔다. 예컨대 그리스도교의 삼위일체三位一體 신론과 대승불교의 삼신설三身說(부처님의 몸을 색신色身, 보신報身, 법신法身으로 구별하는 불타론)의 유사성, 또는『누가복음』에 나오는 탕자의 비유와『법화경』에 나오는 궁자窮子의 비유에서 보이는 주제의 유사성이다.

이런 점들은 종교가 동일한 실재를 각기 처한 종교적, 문화적, 역사적 제약 속에서 여러 이름으로 부르고 있다는 가설이 결코 근거 없는 억측이 아니라 상당한 설득력을 지닌다는 점을 말해준다. 따라서 모든 종교는 우주만물의 궁극적 실재를 다양하게 경험하고 여러 상이한 이름으로 부르고 있지만, 결국 모두 동일한 실재에 대해 말하고 있으며 동일한 목표를 향해 나아가고 있다는 잠정적 결론을 내려도 좋을 것이다. 그리고 우리가 지상의 삶을 마감하고 우리를 제약했던 한계, 즉 사회, 역사, 문화, 종교, 언어 등을 벗어나는 날 우리는 궁극적 실재를 더 완전하게 볼 수 있을 것이며 그때는 모두가 동일한 구원의 세계에 참여하게 될 것이라는 믿음과 희망을 가져도 좋을 것이다.

비록 산에 오르는 길이 다르고 산행 중에 가끔은 다른 위치에서 산정의 모습을 달리 보지만, 결국은 같은 정상에서 만날 것이라는 희망이다. 아직은 아무도 정상의 모습을 완전하게 본 사람이 없지만, 언젠가는 모두가 그 환희를 누리게 될 것이라는 희망 속에서 열심히 산행을 계속한다. 어떤 사람은 가까운 길로, 어떤 사람은 멀고 험난한 길로, 어떤 사람은 평탄하고 쉬운 길로 산을 오르고 있지만, 등산로들이 교차할 때마다 만나서 산행의 경험을 나누면서 서로 배우고 격려한다. 결국은 모두가 정상에서 만나 함께 기쁨을 나눌 것이라는 희망으로 산을 오르고 있다.

종교는 길이자 방편, 상징이자 수단

이러한 종교다원주의에 대한 비판도 만만치 않다. 우선, 종교다원주의가 각 종교의 특수성과 차이를 해소해 버림으로써 역설적이게도 다원주의 자체를 무의미하게 만든다는 비판이 있다. 진정한 다원주의는 종교 간의 차이를 끝까지 인정하고 유지해야 한다는 비판이다. 우리는 이러한 다원주의를 각 종교가 궁극적으로 같은 정상에서 만날 것이라는 '일원적 다원주의'와 구별해서 '다원적 다원주의'라고 부를 수도 있겠다. 그러나 다원적 다원주의는 문제를 해결하는 대신 다시 원점으로 되돌려버린다. 선택은 궁극적 일치 아니면 궁극적 차이 둘 뿐이다. 후자를 선택한다면 다원주의는 결국 배타주의와 다름없을 것이며 종교 간의 다툼과 갈등의 소지는 끝까지 남을 것이다.

일원적 종교다원주의가 종교의 차이를 무의미하게 만든다는 비판도 타당하지 않다. 다원주의는 종교 간의 '궁극적' 일치를 주장하지 '현실적' 일치나 통합을 주장하는 종교통합론이 아니다. 종교다원주의는 현존하는 여러 실증 종교에서 비본질적이고 우연적인 요소들을 제거하고 남는 어떤 추상적인 종교의 '본질'이나 '보편종교' 같이 가능하다거나 그런 새로운 종교를 만들자는 주장이 아니다.

다원주의자들은 인간이 지상에 발을 붙이고 신앙생활을 하는 한, 누구도 자기가 속한 역사적 실체로서의 종교를 떠날 수 없으며 그래서도 안 된다는 점을 잘 알고 있다. 산정에 오르려면 누구든 자기 종교가 제시하는 길을 따라야지 존재하지도 않는 어떤 보편종교 같은 추상체를 통해 오르는 것이 아니다.

또 우리는 여러 등산로를 동시에 오를 수도 없다. 다원주의자들은 우리가 다른 길을 걷는다고 다툴 필요가 없으며, 오히려 서로 배우고 격려하면서 오르면 더 즐거운 산행이 될 것이라고 믿는다. 결국은 우리 모두 같은 정상에서 만나 구원, 해방의 기쁨을 나눌 것이라고 믿는다. 그때는 물론 종교 간의 차이는 의미를 상실하게 될 것이다. 이런 의미에서 종교 간의 차이는 궁극적인 것이 아니다. 종교는 모두 길이고 방편이며, 수단이고 상징일 뿐이다.

실천적 종교다원주의

종교다원주의자들 가운데는 이상과 같은 이론적, 사상적 차원보다는 실천적 차원에서 다원주의론을 펴는 사람도 있다. 실천적 종교다원주의에 따르면, 종교의 궁극적 일치는 어떤 종교적 경험이나 교리, 사상 또는 궁극적 실재에서보다는 정의와 사랑 같은 실천적 차원에서 찾는다. 이러한 입장을 대변하는 대표적 학자는 폴 니터P. Knitter 교수다. 그에 따르면 모든 종교는 내재적-초월적인 신비의 경험을 통해 인간과 자연의 복리를 구원으로 추구한다. 이 구원은 모든 종교에 공통된 관심사이고 궁극 목표이며, 종교의 가치와 진리를 판단하는 척도가 된다.

구원을 추구하고 경험하는 방식은 종교마다 다르지만, 어느 종교든 가난한 자들을 위한 정의와 해방 그리고 지구환경 보존이라는 실천적 과제를 무시하면 참다운 종교라고 할 수 없다고 주장한다. 하지만 어느 종교도 이러한 구원을 독점하거나 완전히 구현하지는 못한다. 따라서 종교는 실천적 과제와 이상을 놓고 각기 한계를 의식하면서 타 종교와 대화하고 협력해야만 한다는 것이다.

사실 우리가 종교다원주의를 주장하는 가장 중요한 이유 가운데 하나는 종교 간의 다툼과 갈등을 해결하려는 데 있다. 상충하는 종교적 주장들을 놓고서 종교다원주의는 한편으로는 자기 종교만 옳다는 배타주의를 거부하고 다른 한편으로는 모든 종교가 다 근거 없는 허위라는 세속주의도 거부한다. 각 종교가 비록 제한된 형태로나마 진리와 가치를 지니고 있다고 주장한다. 종교다원주의는 어떻게 하면 종교와 신앙의 이름으로 자행된 무수한 폭력과 증오의 문제를 신앙을 희생시키지 않으면서 해결할 수 있을까 하는 고민에서 나온 해결책이다.

사랑이 곧 진리

종교다원주의는 그 자체가 또 하나의 종교가 아닌가 하는 비판에 대해서도 생각해 볼 필요가 있다. 종교다원주의는 종교의 특수성을 무시할 뿐 아니라, 각 종교가 목숨을 걸고 지키려는 진리의 궁극성과 절대성을 너무 안이하게 타협해 버리고 어떤 종교 외적 진리나 가치를 더 궁극적인 것으로 앞세운다는 비판이다.

예를 들어, 다원주의자들은 종교 간의 평화 자체가 특정 종교가 신봉하고 있는 진리에 우선한다고 생각하거나 정의나 사랑 같은 추상적 가치들이 특정 종교의 진리에 우선한다고 생각하는 게 아니냐는 비판이다. 결국, 종교다원주의는 어떤 종교 외적 관점에서 또 하나의 절대적 진리 주장을 하고 있으며 그 자체가 하나의 새로운 종교, 즉 종교다원주의자들 말고는 아무 신자도 없는 공허한 종교라는 비판이다.

일리 있는 비판이다. 다원주의자들은 굳이 이를 부정하려 들지 않을 것이다. 이론적 다원주의든 실천적 다원주의든, 종교다원주의자들은 우선 특정 종교의 절대화를 거부한다. 자신이 속해 있는 종교를 포함해서 그 어떤 현존하는 종교의 진리도 절대적이라고 인정하지 않는다. 우리가 이미 본 대로, 종교다원주의는 실존하는 현실 종교가 제시하는 다양한 교리나 상징들을 모두 초월하는 '이상적 진리' 내지 '실재' 혹은 '가치'를 상정하고 있기 때문이다. 결코 어느 한 종교의 전유물이 될 수 없고 어떤 종교도 그 앞에서 배타적 독점권을 주장할 수 없는 초월적 진리와 가치를 상정하고 있기 때문이다. 중요한 것은 종교다원주의자 자신도 이 초월적 진리, 실재, 혹은 가치 앞에서 아무런 인식상의 특권을 주장할 수 없으며 그렇게 하지도 않는다는 사실이다.

실천적 종교다원주의는 궁극적 실재나 진리 대신 정의나 사랑 같은 인간의 구원 혹은 해방이라는 실천적 가치가 개별 종교를 넘어서는 상위 질서라고 주장한다. 정의, 평화, 사랑, 자유, 해방, 자연과 인간의 복리라는 보편적이고 초월적인 구원의 이상 앞에서 역사상 존재했고 현존하는 모든 종교가 불완전하다고 본다. 그 앞에서는 어떤 종교든 한계와 부족을 고백할 수밖에 없으며 상대화될 수밖에 없다는 것이다.

실천적 다원주의는 만인의 자유, 평등, 인권에 기초한 근대 민주사회의 질서, 나아가서 자연과 인간의 건강한 공생 관계를 절대적 가치로 존중한다. 아니, 존중 정도가 아니라 사실상 이 가치들이 종교의 존재 이유로서 개별 종교의 특수한 진리 주장들에 우선한다고 본다.

종교가 분쟁과 다툼을 유발하고 사회 분열을 조장하며 인류평화를 저해한다면 종교의 본질적 사명과 존재 이유를 배반하는 것이기 때문에 비판받아 마땅하다. 경우에 따라서 차라리 존재하지 않는 편이 낫다고 실천적 다원주의자들은 말할 것이다. 달리 말하면, 실천적 종교다원주의는 진리보다 사랑의 우선성을 인정한다고 할 수 있다. 아니, 사랑이 곧 진리이다. 따라서 만약 어떤 종교의 진리 주장이 증오와 폭력을 유발한다면, 그 종교는 진리와 무관한 것이 된다. 얼마나 많은 독선과 폭력이 종교적 진리의 이름으로 자행되었는지를 생각해 보면 수긍이 된다. 실천적 다원주의자들은 묻는다. "도대체 종교의 존재 이유가 무엇이기에 신앙의 이름으로 전쟁을 하고 생명을 마구 죽인다는 말인가?"

종교는 신이 아니다

종교다원주의는 현실 종교의 한계성을 인정하기 위해서 반드시 어떤 종교 외적 시각이나 기준을 도입할 필요는 없다. 종교에 대한 비판은 종교 자체로부터도 가능하며 실제로 예부터 존재해 왔기 때문이다.

종교비판에는 두 종류가 있다. 하나는 종교 외적 비판이다. 가령 니체, 마르크스, 프로이트 같은 서구 근현대 세속주의 사상가들의 종교비판이다. 그들의 화살은 주로 그리스도교를 향했다. 다른 하나는 종교 내적 비판으로서, 한 종교 내의 양심적 신앙인이나 사상가, 영성가들 그리고 신비주의자들이 제기해 온 자기 종교비판이다. 사랑, 정의, 평화, 겸손과 관용은 모든 종교의 공통된 가르침이며, 종교 내의 양심적 신앙인들은 항시 자기가 속한 종교를 엄중한 도덕적 잣대로 비판해 왔다. 사회정의를 외면하는 당시 이스라엘 종교에 대한 구약성서 예언자들의 날카로운 비판은 본격적인 종교 내적 종교비판의 효

시라 해도 과언이 아니다.

예수도 자기가 속했던 유대교 신앙과 율법주의를 신랄하게 비판했으며, 종교개혁의 거센 물결을 몰고 온 마르틴 루터 역시 성 아우구스티누스 수도회 소속의 수도사였다. 실천적 종교다원주의가 추구하는 일련의 가치들은 사실상 개별 종교의 교리나 사상보다 우선적일 수 있음을 보여주는 사례들이다. 어느 종교든 양심적 신앙인들은 자기가 속한 종교의 부패와 타락, 권위주의와 위선에 비판의 목소리를 높여왔고, 교리나 사상의 진리보다 사랑의 실천을 우선시했다.

이론적 다원주의도 실천적 다원주의 못지않게 종교 내적 비판에 근거한 이론이다. 각 종교 내의 신비주의 영성가들은 항시 초월적 실재 앞에서 인간의 언어나 교리가 얼마나 무력한지를 강하게 의식했고, 때로는 과감하게 자기 종교의 교리나 신학을 부정하고 상대화하는 지혜와 용기를 보였다. 신앙인들, 신비주의자들, 혹은 신학자들 스스로 자기 종교의 한계성을 뚜렷이 의식하고 인정해 온 것이다.

종교는 결코 신이 아니다. 종교는 어디까지나 신 혹은 실재를 지향하고 가리키는 상징이며 달을 가리키는 손가락이지 달 자체가 아니라는 사실을 신앙인들 스스로가 잘 알고 있다. 그들은 종교가 또 다른 우상이 될 수 있음을 알고 있었다. 종교다원주의는 이러한 현상에 주목하면서 종교의 교리나 사상이 어디까지나 실재를 가리키는 상징이고 방편이자 진리, 실재 그 자체가 아니라는 사실에 입각한 이론이다.

겸손한 신앙인의 자세

이론적 다원주의든 실천적 다원주의든, 종교다원주의는 결코 종교 밖에서 종교를 판단하고 무력화시키는 초종교적 진리를 주장하는 하나의 새로운 종교 혹은 초종교가 아니다. 어떤 특정 종교의 시각에서 형성된 편향된 이론이 아님은 물론이고, 어떤 종교 외적 시각에 따라 도입된 기준을 통해 개별 종교의 구체적 신앙과 진리에 대한 헌신을 무력화시키려는 비신앙적 이론도 아니다. 하느님의 준엄한 윤리적 명령과 양심의 소리 앞에서 가차 없이 자신의 종교를 비판하는 예언자들의 목소리, 일체의 언어와 형상을 초월하는 실재 앞에서 침묵하라는 신비주의자들의 경고는 비록 소수라도 종교 내부에서 종교의 순수성을 지키려는 양심의 보루로 줄곧 존재해 왔기 때문이다.

종교의 절대적 진리 주장을 돌이킬 수 없게 무력화시킨 역사학, 문화인류학, 비교종교학과 같은 현대 학문들이 오히려 우리로 하여금 이러한 순수한 종교 내적 종교비판의 소리를 더욱 명료하게 들을 수 있도록 해준다는 사실은 아이러니다. 종교다원주의는 결코 종교다원주의자들이 고안해 낸 또 하나의 종교가 아니다. 오히려 자신의 종교에 충실하면서도 초월적 실재 앞에서 그 한계를 의식하는 겸손한 신앙인들의 마음을 대변하는 이론이다.

종교는 길이다. 길은 달라도 우리는 모두 같은 산을 오르고 있다. 영성은 산을 오르다가 가끔 볼 수 있는 황홀한 산정의 모습을 보게 한다. 길이 제대로 된 길이라면 그렇다. 물론 잘못된 길도 있다. 산정을

향하지도 않고 가끔이라도 산정을 보게 하지도 않으면서 엉뚱한 곳으로 인도하는 종교도 있다. 이런 것을 사교邪敎라고 한다. 그러나 제대로 된 길이라도 여러 개가 있으며 도중에 보이는 산정의 부분적 모습도 다르다. 하지만 우리는 같은 산, 같은 산정을 오르고 있다는 믿음과 희망으로 지상의 생명이 끝날 때까지 구도의 산행을 멈추지 않고 있다.

_ 종교에서 영성으로

_ 영성의 대가들을 만나다

_ 종교, 상징, 영성

III부

종교의 존재 이유

종교에서 영성으로

• • •

종교공부를 평생의 업으로 삼아왔는데, 요즘 새삼스럽게 왜 하필 그 많은 학문 가운데 종교를 관심의 대상으로 삼았는지 자문해 볼 때가 많다. 또 개인적으로도 줄곧 신앙생활이라는 것을 해 온 편인데, 과연 무엇을 위해 그 많은 시간과 정력을 거기에 소비해 왔는지 묻게 된다.

종교란 매우 복잡다단한 현상이어서 종교를 업으로 공부하는 사람도 어디서부터 어디까지 그리고 어디에 초점을 맞추고 공부해야 할지 늘 고심하게 된다. 그런가 하면, 관습적으로 신앙생활을 하는 사람도 때로는 자기가 정말 바른 신앙생활을 하고 있는지, 과연 무엇을 위해 하고 있는지 의문이 들 때가 있을 것이다.

종교는 인류 역사를 통해 사회, 문화, 도덕, 정치, 경제, 철학, 예술,

건축, 공예 등 삶의 다양한 분야와 밀접하게 연결되어 있다. 그래서 종교를 공부하는 사람마다 제각기 다른 관심을 가질 수 있으며 종교가 부차적 관심거리가 되는 경우도 많다. 사실 '순수한' 종교 현상이란 어디에도 존재하지 않는다. 종교는 언제나 삶의 다양한 활동들과 연계되고 섞이면서 존재해 왔기 때문이다. 하지만 종교의 가장 순수한 면, 종교를 종교이게끔 하며 종교만의 고유한 면이 있다면 그것은 다름 아닌 영성일 것이다.

모든 종교가 공통으로 증언하는 것은 '인간은 영성을 지닌 존재로서 어떤 보이지 않는 초월적 실재를 지향하는 영적 존재'라는 것이다. 이 초월적 실재가 우리 밖에 타자로 존재하든 혹은 인간 내면과 우주 만물의 깊이에 내재하든, 종교는 인간에게 오감을 통해 외부세계에 관여하는 감성이나 사고 활동을 하는 이성과는 다른 차원의 영성이라는 성품이 있다고 믿는다. 그리고 이 영성을 자각하고 실현하는 일이야말로 종교의 근본 목적이라고 가르친다. 이에 비하면 종교와 관련된 여타 현상이나 관심들은 어디까지나 부차적이다. 종교를 평가하는 기준이 한 가지 있다면, 나는 주저 없이 한 종교가 얼마나 많은 영적 인간들을 만들어내는가에 있다고 말할 것이다.

따로 노는 종교와 영성

이런 관점에서 오늘의 한국 종교계를 보면 회의를 넘어 절망감마저 들 때가 많다. 우리나라 신자들은 대체로 종교 생활은 무척 열심인

데 정작 영성은 찾아보기 어렵다는 인상을 주기 때문이다. 우선 불교, 그리스도교 할 것 없이 영적 축복보다는 돈, 건강, 사업, 출세 같은 세속적 욕망을 추구하는 기복신앙이 지배하고 있다 해도 과언이 아니다. 그런가 하면 신앙이 아주 좋고 신앙생활에 열성인 사람일수록 영성과는 거리가 먼 아집, 독선, 편견 같은 것이 가득 차 있는 경우도 흔히 본다. 남의 이야기는 들으려 하지도 않고 입에 거품을 물고 얼굴에 독기마저 품고 열심히 자기 이야기만 하는 신자들을 볼 때, 피하고 싶은 마음이 든다. 여하튼 영성은 고사하고 일반적 상식과 도덕성에도 미치지 못하는 신자들로 넘쳐나는 것이 우리 종교계의 현실이다.

또 뉴스 매체를 통해 접하는 모습은 어떠한가? 온갖 탐욕과 비리가 판을 치고 있지만, 누구 하나 이 '성역'을 건드리지 못한다. 심지어 교권과 이권 다툼이 끊이지 않아 세속의 법정까지 끌고 가는 고소와 고발이 난무하고 있는 것이 우리 종교계의 현실이다. 이런 것을 알면 알수록 과연 정상적인 생각과 양식을 가진 사람이 그 속에서 편안한 마음으로 신앙생활을 할 수 있을지 의문이 든다. 도대체 무엇이 아쉬워서 말도 안 되는 일이 벌어지고 있는 종교 단체에 사람들이 아직도 몸을 담고 있는지 이해가 되지 않을 때가 많다. 지금이 종교가 인간의 삶을 지배하던 중세시대도 아니고 웬만한 사람은 다 고등교육을 받았으며 우리나라도 이제는 선진국 문턱에 진입했다는데, 무엇이 두려워서 아직도 불편한 마음을 무릅쓰고 종교에 매달려 사는 것인지 도무지 이해가 가지 않는다. 그냥 보기 싫다고 떠나버리면 될 것 같은데 말이다. 여하튼 우리나라 종교계의 가장 근본적인 문제는 종교와 영성이 유리되어 따로 논다는 것이다. 가장 영적이어야 할 성직자들과 신자들이 신앙이라는 이름으로 영성과는 거리가 먼 생활을 하고 있다.

물론 우리 종교계를 싸잡아 매도할 생각은 없다. 또 이렇게 비관적으로만 볼 일도 아니라는 것도 잘 알고 있다. 순수한 영성을 지닌 다수의 성직자와 양식 있는 신도들이 곳곳에서 묵묵히 신앙생활을 하고 있기때문에 우리 종교계와 사회가 그나마 이 정도라도 유지되고 있지 않을까 하는 생각도 한다. 어디든 좋은 사람과 나쁜 사람이 있기 마련이며 종교라고 예외일 수는 없다고 너그럽게 이해하고 싶은 마음도 든다. 하지만 종교의 존재 이유 자체가 '좋은 사람'을 만드는 것이라면, 우리는 종교지도자들과 신앙인들에게 적어도 평균 이상의 도덕적 수준과 영적 수준을 기대할 권리가 있다. 더군다나 종교에 투입되는 엄청난 시간과 물적 자원을 고려해 볼 때, 한국 종교계는 아무래도 후한 점수를 받기 어려울 것 같다.

영혼의 부름

요즈음 우리 사회와 종교계에 '영성'이라는 말이 제법 자주 사용되고 있다. 지금 나도 이 말을 사용하면서 글을 쓰고 있다. 영성이라는 다소 모호한 단어가 언제부터 우리 사회에서 쓰이게 되었는지 잘 모르겠지만, 영어의 'spirituality'에 해당하는 말로서, 초월적 실재 혹은 초월적 세계와의 만남을 통해 새로운 시각, 새로운 차원에서 삶을 살고자 하는 인간의 영적 본성 내지 성향을 가리키는 말로 이해하면 될 것 같다.

얼마 전까지만 해도 생소하게 들리던 이 단어가 이제는 퍽 자연스럽게 사용되는 데는 그럴만한 이유가 있다. 특별히 이에 관해 연구해본 것은 아니지만, 사람들이 의식적이든 무의식적이든 '종교'라는 말을 피하고 싶은 마음이 작용하고 있지 않나 하는 생각이 든다. 적어도 내 경우는 그렇다고 확실하게 말할 수 있다. 하지만 내가 종교라는 말보다 영성이라는 단어를 선호하는 것은 오늘의 우리 사회에서 종교라는 말이 주는 부정적 이미지 때문만은 아니다. 이보다 더 근본적인 문제가 걸려 있는데, 그렇다면 종교와 영성의 차이는 무엇일까?

종교는 우선 집단적 현상인 반면에 영성은 주로 개인적이다. '나홀로 종교'란 있을 수 없다. 종교는 집단적이기 때문에 조직과 제도를 필요로 하며, 조직과 제도를 필요로 하기 때문에 지도자와 전문가를 필요로 한다. 종교도 집단이고 체제인 한, 타 집단들로부터 자기를 차별화하고 자기만의 정체성을 정립하고 유지해야 한다. 그러기 위해서는 조직과 제도를 갖추고 신자들을 관리해야 하며 사상과 교리를 확립할 필요도 있다. 이런 점에서 종교는 필연적으로 울타리를 만들고 배타성을 띨 수밖에 없다.

새로운 종교운동을 시작한 카리스마적 창시자들은 기성종교에 대해 비판적이고 개혁적이며 사상과 행동에서 자유롭고 유연하지만, 추종자들이 늘고 다음 세대로 넘어가면서 각종 규율이 생기고 제도와 체제가 강화된다. 어쩌면 종교는 성공이 곧 실패라고까지 할 수 있을 정도로 초기에 지녔던 순수성과 자유로움, 창조성은 사라지고 신도들을 관리하고 체제를 유지하기 위해 점차 억압적 기제로 작용하게 된다. 대체로 이것이 종교가 걷는 정해진 운명과도 같다. 종교마다 초창기의 정신과 비전을 선양하면서 개혁을 부르짖는 것도 이 때문이다.

이와 대조적으로, 영성은 주로 우리 마음의 문제이고 자기 체험적이며 자기 반성적이기 때문에 본질적으로 개인적일 수밖에 없다. 종교가 집단화되고 제도화되면 될수록 종교를 떠받치고 있던 개인의 영성은 진정성과 순수성을 상실하며 관습적이 되고 세태와 타협하는 경향을 보인다. 한 종교가 번성해서 사회의 주류 종교가 될수록 더욱 그렇다. 철학자 화이트헤드는 "종교란 한 개인이 자신의 고독과 상대하는 것이다"라는 말을 남겼다. 이와 대조적으로 종교사회학자 뒤르캉은 "종교란 집단적 흥분 상태에서 발생한 것이며 한 집단의 사회적 정체성과 결속력을 강화하고 신성화해 주는 기재다"라고 했다. 둘 다 수긍이 가는 말이지만, 아무래도 종교의 가장 순수한 측면은 전자에 있지 않을까 한다. 사람은 홀로 있을 때 자신에 대해 정직해질 수 있고 종교 생활도 그렇기 때문이다.

뼛속 깊이 사무치는 고독을 느껴보지 못한 사람, 임박한 죽음을 앞두고 절망의 터널을 홀로 통과해 본 일이 없는 사람, 사랑하는 사람과 사별하는 아픔을 겪어보지 못한 사람, 인생의 덧없음을 깊이 느껴본 일이 없거나 초월자 하느님 앞에 벌거벗은 단독자로 서 본 경험이 없는 사람, 갑자기 자기 자신이 낯설게 느껴지고 세상만사가 모두 무의미하게 보이는 경험을 해본 일이 없는 사람이 과연 영성의 깊은 세계를 알 수 있을까? 죽음, 고독, 허무, 정체를 알 수 없는 불안, 무의미성,

소외감 등은 우리 모두 피하고 싶은 것들이기에 우리는 온종일 바쁘게 '사회생활'을 하면서 세상사에 몰두하지만, 인간이 인간인 한 언제까지나 고독을 피할 수만은 없다. 실존주의자들은 말하기를, 이런 피하고 싶은 감정들과의 정직한 대면은 우리를 '세상'(사회생활, 일상적 삶)에 취해 사는 비본래적 삶에서 본래적 삶으로 전환하는 계기가 된다고 한다.

여하튼 외면할 수 없는 양심의 소리, 영성을 일깨우는 영혼의 음성 또는 신의 부름은 언젠가 반드시 우리를 찾아오고야 만다.

영성과 고독

인간관계에는 두 가지 상반된 마음이 공존한다. 다른 사람과 섞이다 보면 홀로 있고 싶은 마음이 생기고, 홀로 있다 보면 사람들을 그리워하는 마음이 생긴다. 영성은 홀로 있고 싶은 마음에서 시작한다. 홀로 있고 싶은 마음은 일상적 자아, 사회적 자아에 매몰되었던 영적 자아가 우리를 부르는 소리다. 영성의 각성과 함양에는 이런 소리에 귀를 기울이고 자기 자신과 정직하게 대면하는 용기가 필요하다. 홀로 있을 줄 아는 자만이 남과도 함께 있을 수 있다. 영성을 추구하는 수도자들이 때때로 자발적 고독을 선택하는 것도 이 때문이다. 법정 스님은『홀로 사는 즐거움』에서 이렇게 말했다.

누군가와 함께 있을 때, 그는 온전한 자기 자신으로 존재할 수 없다. 홀로 있다는 것은 어디에도 물들지 않고 순수하며 자유롭고, 부분이 아니라 전체로서 당당하게 있음이다. 결국 우리는 홀로 있을수록 함께 있는 것이다.

영성과 고독이 함께 간다면 영성과 침묵도 떼어놓을 수 없는 짝을 이룬다. 다른 사람과 함께 있다는 것은 함께 이야기한다는 것을 의미한다. 대화는 사귐에 필수적이다. 다른 사람과 어울리면서 대화를 거부하거나 대화에 참여하지 않기는 어렵고, 특별한 이유가 없는 한 그래서도 안 된다. 공연한 오해를 사기가 쉽기 때문이다.

이와는 달리, 고독과 침묵은 같이 가고 자발적 고독은 자발적 침묵을 위함이다. 물론 침묵이 반드시 말 없음을 의미하지는 않는다. 우리는 혼자 있어도 끊임없이 말을 하면서 산다. 홀로 있어도 생각은 멈추지 않기 때문이다. 생각은 홀로 하는 말이고 자기 자신과의 대화다. 그래서 진정한 침묵은 생각마저 멈추는 무념의 경지까지 나아가는 것이다.

그래도 자신과의 대화는 타인과 나누는 대화와 전혀 다른 차원에 속한다. 타인과의 대화는 좋든 나쁘든 남의 눈치를 보기 마련이며, 체면에 신경을 쓰느라 정직한 대화가 되기 어렵다. 때로는 원치 않는 말이나 불필요한 말도 해야 하며, 때로는 자기도 모르게 해서는 안 될 말을 해서 오해와 다툼의 원인을 제공하기도 한다. 많이 안다는 것을 과시하려고 잘 모르는 것까지 아는 체하기도 하고, 자기가 옳다는 것을 인정받고 싶은 마음에 일단 내뱉은 말이 문제가 있음에도 열심히 변명하려 든다. 그러나 자신과의 대화는 이런 것들에 구애받지 않고 정직할 수밖에 없다. 아무리 자신을 속이려 해도 속이기 어렵고, 아무리 내면의 소리를 막으려 해도 막기 어렵다. 자발적 고독은 자발적 침묵을 위함이며, 자발적 침묵은 자발적 자기성찰을 위함이다. 자신에 대한 정직한 성찰 없는 영성이란 있을 수 없다.

묵언 수행이 영성의 함양에 필수적인 이유는 단지 자기성찰 때문만은 아니다. 그보다 더 본질적인 이유는 영성이 추구하는 초월적 실재, 궁극적 실재가 근본적으로 인간의 언어를 넘어서는 불가언적 성격을 띠고 있기 때문이다. 우리의 일상적 삶은 언어를 매개로 이루어지며, 우리가 살고 있는 세계, 특히 사회적 문화적 세계는 언어로 구성된다고 해도 과언이 아니다. 언어는 사물을 식별하고 분별하는 작용을 통해 '하나'의 세계를 '여럿'으로 가르고 쪼갠다. 반면에 영성이 추구하는 무한한 실재는 유한한 사물이 지닌 다양한 이름과 형상, 속성과 특징들을 여의고 텅 빈 고적한 세계다. 그렇기 때문에 이 실재는 대립과 차별을 넘어 모든 유한한 것을 품을 수 있고 사물들 사이의 장벽을 허물고 만물을 화해시킬 수 있다.

영성은 일차적으로 다수성보다는 단일성, 차별성보다는 무차별성을 선호하며 일체의 상像, 相과 관념들이 발붙일 곳 없는 적막한 세계, 곧 무상無相, 무념無念, 무주無主, 무언無言, 무아無我라는 부정의 세계를 선호한다. 일상의 세계를 무시하는 듯한 이 부정의 세계는 그러나 차별적이고 유한한 것들을 다시 품기 위한 부정이지, 부정을 위한 부정이 아니다. 그것은 차별의 세계에 갇혀 대립하고 갈등하는 괴로움을 극복하기 위한 부정이며, 초월적 시각에서 세계와 인생을 다시 발견하고 새롭게 품기 위한 부정이다. 영성이 선호하는 고독, 침묵, 부정은 모두 그 자체에 머물기 위한 것이 아님을 영성가들은 공통으로 증언한다.

가식과 위선의 옷을 벗다

영성은 많은 사람이 오해하듯이 결코 세계 도피가 아니다. 영성이 피하고자 하는 것은 세계 자체가 아니라 거기에 집착하며 사는 자기 자신이다. 영성이 혐오하는 것은 인생 자체가 아니라 이기적 욕망의 늪에서 헤어나지 못하는 나 자신의 추한 모습이다. 영성의 대가들은 우리가 좁다란 이기적 자아에 매여 있는 한 진정한 행복을 모르며 어디서 무엇을 하든 매사에 걸려 넘어진다고 말한다. 삭발 입산을 해도 소용없고 교회나 수도원을 찾아도 소용없다. 그러나 자기를 놓아버린 자, 자기로부터 해방된 사람은 자기도 얻고 세상도 얻는다고 말한다. 임제 선사가 말하는 대로 "처하는 곳마다 주인 노릇 하면 서 있는 곳마다 참된隨處作主 立處皆眞" 경지를 산다.

종교는 본질적으로 사회적이지만 영성은 나만이 알고 하느님만이 아는 세계다. 물론 영성을 추구하는 사람에게도 남에게 보이려는 가식과 위선이 있을 수 있다. 하지만 끝까지 자기 자신을 속일 수는 없다. 끊임없는 자기성찰을 필요로 하는 영성의 세계에서 자기기만이 차지할 공간은 크지 않다. 자기 자신의 내면에서 들리는 양심의 소리 앞에서 우리의 사회적 자아는 입고 있던 모든 가식과 위선의 거추장스러운 옷은 벗을 수밖에 없기 때문이다. 과연, 이런 경험이 없는 사람이 있을까? 있다면, 우리가 그런 사람을 정말 '인간'으로 부를 수 있을까?

종교는 집단의 정체성을 유지하고 강화하기 위해 사상의 통일이 필요하므로 교리나 사상에 동의를 요구한다. 하지만, 영성에는 그런 강요란 있을 수 없고 오직 자기 자신과의 정직한 대면과 싸움만이 있을 뿐이다. 이런 이유로 해서 집단적 동질성을 요구하는 종교는 때때로 양심적인 영성가들의 자유로운 말과 행동을 위험하게 보지만, 영성적 관점에서 보면 종교는 순수성을 상실한 타협 아니면 타락으로 보인다.

개인적 영성을 바탕으로 출발한 종교는 집단화되는 순간부터 순수성을 상실하기 시작하여 영성을 키우기는커녕 오히려 장애가 되기 쉽다. 종교는 일정한 경계와 울타리를 치고 통일성을 유지해야만 하므로 개인의 자유에 제재를 가할 수밖에 없고 개인의 자발성과 진정성을 훼손하게 된다. 그러나 자기성찰을 본질로 하는 영성에는 정직성과 진정성이 살아있기 마련이며, 영성이 살아있는 한 종교도 생명력을 지니며 자체를 정화하고 개혁할 능력을 지닐 수 있게 된다. 반면에 영성이 억압받고 고갈된 종교는 아무리 덩치가 커도 거대한 시체덩어리나 다름없다.

개인의 정직성과 진정성을 끝없이 요구하는 영성은 교리나 도그마에 쉽게 가둘 수 없다. 영성은 근본적으로 개인의 내적 경험이다. 교단이나 교권은 개인의 영성을 규제하고 획일화하기 원하지만, 어떤 종교도 완전히 성공할 수 없다. 역설적이지만, 완전히 성공하는 순간 그 종교는 망한다. 종교와 영성의 완전한 일치는 본질상 불가능하며, 양자 사이의 창조적 긴장은 종교를 위해서도 필수적이다. 종교는 체제유지를 위해 정치 권력과 손을 잡고 엄청난 부를 축적하기도 하고 때로는 전쟁도 부추기지만, 양심의 소리에 귀를 기울이는 영성은 권력이나 부와는 거리가 멀다. 종교는 교리를 정립하고 정통을 수호하려고 편을 가르고 상대방을 이단으로 몰아 탄압하지만, 영성은 남을 탓하기 전에 자신을 먼저 탓하며 물리적 힘에 의존하기보다는 자기 비움을 우선시하고, 편을 가르기보다는 모두를 감싼다.

종교지도자들은 때때로 하느님의 뜻을 들먹이면서 집단적 이기주의를 부추기고 성전聖戰을 독려하지만, 자기성찰을 본업으로 하는 영성가들은 좀처럼 폭력을 정당화하거나 집단적 광기에 휩싸이는 법이 없다. 이슬람의 수피 영성가들은 종교는 종종 전쟁의 원인이 되지만 "진정한 성전jihad은 오직 자기 자신과의 싸움뿐"이라고 말한다. 종교는 빠지면 빠질수록 위험하지만, 영성은 깊으면 깊을수록 자유롭다.

종교와 영성은 동반자

이렇게 말하면 내가 종교를 지나치게 폄하하고 영성을 무비판적으로 미화한 것이 아닌가 생각할 사람도 있을 것이다. 사실 그런 면이 없는 것은 아니다. 그리고 내가 처음부터 어떤 의도성을 가지고 이 글을 쓰기 시작한 것도 사실이다. 그러나 이 의도성은 종교를 비판하고 종교에 대한 혐오감을 증폭시키려는 것이 아니라 오히려 그 반대로 종교를 옹호하려는 데 있다. 내가 종교와 영성을 지나치게 차별화한 것은 종교와 영성이 동일시됨으로써 행여 영성이라는 진주가 종교라는 진흙에 묻혀서 함께 외면당하지나 않을까 우려하기 때문이다.

종교와 영성은 반드시 같이 가야 하고, 종교의 목적과 사명은 어디까지나 각 사람의 영성을 일깨우고 함양하는 데 있다. 인류 역사를 통해 영성은 실제로 특정한 종교 전통 속에서 함양되어 왔다. 영성은 보통 한 특정 종교의 테두리 내에서 형성되고 자란다. 종교의 영향을 받지 않은 '순수한' 영성이란 실제로는 존재하기 어렵다. 아무리 위대한 영성가라 해도 그가 태어나 살고 있는 종교와 문화, 언어의 영향을 받기 마련이다. 초기에는 강력하고 단순한 영적 운동으로 시작한 종교도 세월이 지나면서 교리화되고 이론화되기 마련이다. 전통의 무게가 더해지고 제도가 공고하게 되면서 '정통'의 수호라는 이름으로 개인의 양심을 억누르고 영적 진정성을 훼손하는 기재로 작용하게 되는 것이다.

순수한 영성운동도 성공하면 할수록 이론화되고 제도화되며 심지어 권력화되기도 한다. 동서양 수도원과 사찰의 역사가 이를 말해주고 있다. 신도들이 많이 찾을수록 부가 축적되고 정치 권력과 결탁하면서 타락의 길을 걷는다. 서양 중세의 그리스도교 수도원들이 그러했고 고려 시대 불교 사찰들이 조선조로 바뀌면서 철퇴를 맞았던 것도 거기서 비롯되었다. 그리스도를 본받아 철저한 가난청빈의 영성을 실천하고자 13세기 초 프란시스코 성인이 창설한 수도회도 부유해짐에 따라 초창기 성인의 정신으로 되돌아가 철저하게 청빈을 지키려는 파와, 수도회의 부는 '소유'하는 것이 아니라 '사용'할 뿐이라고 하면서 스스로를 합리화하려는 파로 양분되었다.

종교뿐 아니라 영성운동도 순수성을 지키기 위해서 늘 개혁이 필요하다. 수도자들 가운데는 아예 수도원이나 절을 떠나 외딴 암자나 토굴 혹은 숲에서 홀로 수행하는 제2의 출가를 감행하는 사람도 적지 않다. 종교도 처음에는 순수한 영성운동으로 출발했고, 종교 안과 밖에서 출발한 각종 영성운동도 '성공'에 비례하여 종교의 길을 가게 된다는 사실을 감안할 때, 우리는 종교와 영성의 차이를 결코 과장해서는 안 된다. 하지만 종교는 본성상 집단적이고 영성은 본성상 개인적이라는 명제는 여전히 타당하다.

우리에게 찾아온 절호의 기회

개인의 발견과 더불어 주체적 인간이 출현하는 근대 세계로 들어오면서 종교는 인간의 주체성과 자유를 억압하는 체제라는 의식이 보편화되기 시작했다. 그에 따라 현대인들은 종교를 외면하기 시작했다. 하지만 종교는 외면당할지언정 인간의 영성이 사라지거나 무시되는 일은 없다. 감성이나 이성과 마찬가지로 영성이 인간 본성에 속하는 것인 한, 현대인이라고 영성을 외면할 수 없기 때문이다. 현대인들은 오히려 종교의 전통과 권위로부터 자유로워짐에 따라 다종교적 영성, 초종교적 영성, 또는 비종교적 영성을 키울 수 있는 공전의 기회를 맞게 되었다. 종교 간의 벽을 넘고 종교와 비종교의 구별마저 초월하는 인간 본연의 순수한 영성을 회복하고 실현할 수 있는 초유의 기회를 맞게 된 것이다.

현대인들은 제도 종교가 인간의 의식을 더 이상 지배할 수 없는 세속화된 시대에 살면서 한편으로는 영적 공허 속에 방황하지만, 다른 한편으로는 다양한 형태의 영적 실험을 통해 이전 시대 인간들이 누려보지 못했던 영적 자유와 풍요를 누릴 수 있게 되었다. 종교를 넘어 영성으로, 한 종교에 갇혔던 시야를 벗어나 인류 전체의 영적 자산으로 눈을 돌리는 순간, 현대인들에게는 엄청나게 새로운 정신세계가 펼쳐질 수 있다. 나는 이러한 '초종교적 영성'을 '제3의 길'이라고 부른다. 한 종교의 언어와 전통에 갇혀서 절대화하고 거기에 사로잡힌 영성이 아니고, 그렇다고 어떤 초월적 실재도 믿지 못하고 눈에 보이는 세계에만 파묻혀 사는 세속주의도 아닌 정신세계, 나아가서 종교와 비종교(성과 속, 진과 속)의 경계를 자유롭게 넘나드는 '비종교적 영성'의 세계다.

그리스도교 문화권인 서구 사회들의 경우 이러한 초종교 영성은 동양 종교에 관한 관심 혹은 환경, 생태적 영성 등으로 표출되고 있다. 서유럽 나라들을 여행하면 대형 서점에서 우리는 흥미로운 것을 발견할 수 있다. 종교 서적코너에 홍수처럼 쏟아져 나온 것은 다름 아닌 동양 종교에 관한 책들이다. 이는 무엇을 말해주는가? 우선 그만큼 수요가 있기에 출간되는 것은 두말할 필요가 없다. 고등교육을 받은 현대인들의 의식 수준은 이제 더 이상 한 종교에 묶이는 단계를 넘어선

지 오래다. 이제 우리나라 사정도 이와 크게 다르지 않다. 아직은 지독한 배타주의의 목소리가 크게 들리지만, 침묵하는 다수의 의식 속에는 종교란 결국 사랑을 실천하고 평화를 이루기 위한 것이 아니냐는 평범하지만 심오한 생각이 자리를 잡아가고 있다.

사회적 자아가 무장해제 되는 순간

영적 인간관에 따르면, 영성은 우리 마음속 깊이 감추어져 있는 인간 본연의 심성이다. 인간이 인간인 한 누구나 대면해야 하고 대면할 수밖에 없는 인간성 자체에 속한다. 표피적 자아 아래 숨겨진 심층적 자아, 영적 자아, 참 자아와의 대면은 피할 수 없는 인간의 운명이다.

치열한 경쟁 속에서 겹겹으로 단단히 포장된 사회적 자아가 갑자기 무장해제 되는 순간 우리는 영적 눈이 뜨이는 경험을 한다. 선불교에서는 이런 개안의 경험을 돈오頓悟라 부른다. 선에만 돈오가 있는 것은 아니다. 이와 유사한 영적 체험은 모든 종교에서 발견되며, 종교와 특별한 인연이 없는 사람도 어느 날 갑자기 자기 욕심이 만든 허상에서 벗어나 세계와 인생의 실상을 보게 되고 자기 존재의 참다운 가치를 발견하게 된다. 소유보다 존재에, 성취보다 살아있음에 더 큰 행복을 느끼며 작은 일에도 감동하고 감사할 줄 알게 된다.

인간은 누구나 '되어야 할' 당위적 자기와 현실적으로 '실존하는' 자기, 본래적 자기와 비본래적 자기, 본질과 실존 사이의 괴리 속에서 괴로워하면서 산다. 부처와 예수, 공자나 노자 같은 성인은 이러한 괴리와 소외를 완전히 극복한 사람들이라고 할 수 있다. 두꺼운 표피적 자아를 뚫고 영혼의 심층에 이르러 깊은 자아를 만나서 사는 진정한 사람들이다. 이 심층적 자아는 이런저런 우연적 특성을 지닌 표피적 자아, 끊임없이 경쟁하고 갈등하는 차별적 자아가 아니라 무차별적 자아, 순수한 자아, 보편적 자아, 초월적 자아다. 만인을 품을 수 있고 만물과 하나가 되는 우주적 자아이며, 하느님과 하나가 되는 신적 자아이다. 우리로 하여금 끊임없이 자신의 현재 모습을 거부하도록 추동하는 자아이며, 우리 안에 있는 하느님의 모상 혹은 씨앗, 하늘로부터 품수 받은 천성, 부처의 성품, 참 자아아트만, atman, 속사람, 내면의 빛, 무위진인無位眞人 등 여러 이름으로 불리는 이 본래적 자아는 인간 존엄성의 진정한 근거다. 이것이 오늘날 공허한 구호로 전락하게 된 세속적 휴머니즘secular humanism과 다른 종교적, 영적 휴머니즘spiritual humanism이다.

이러한 내면의 영성을 자각하고 실현하는 세계에서는 하느님과의 대면은 곧 자기 자신과의 대면이며, 참나를 아는 것이 하느님을 아는 것이다. 영성의 완전한 실현은 곧 하늘과 인간의 완벽한 일치인 천인합일天人合一 또는 신과 인간의 완벽한 일치인 신화deification 혹은 신인합일神人合一에 있다. 이렇게 우주와 하나 되고 신과 하나 되며 부처와 하나 되는 영성이야말로 인간의 지고선至高善이다. 영성이 인간의 본성인 한, 영성의 자각과 실현은 곧 참다운 인간이 되는 일 그 이상 그 이하도 아니다.

이러한 일치의 경지는 죄악으로 덮여 있는 범부들로서는 도저히 도달하기 어려운 경지로 보이는 것이 사실이다. 그래서 신비적 일치 unio mystica의 영성보다는 초월적 타자로부터 오는 은총에서 인간의 희망을 보는 신앙적 영성도 있다. 이른바 '타력' 신앙의 영성으로서, 자신의 노력과 수행으로 참나를 회복하는 일은 불가능할 정도로 힘겨운 길이라고 생각한다. 하지만 영성에서 자력과 타력의 구별은 궁극적으로 무의미하다. 영성의 세계에 '자력'의 오만이란 있을 수 없기 때문이다.

수행이든 은총이든 영성의 핵심은 자기를 비우고 자기를 벗어나는 데 있다. 자기 포기 없이 은총은 주어지지 않으며 은총의 도움 없이 자기 초월은 이루어지기 어렵다. 또 은총을 은총으로 깨닫는 것은 영성이며, 영성이 일깨워지는 계기는 은총으로 주어진다. 영성의 완성 또한 궁극적으로 자기 힘보다는 은총으로 이루어진다.

마이스터 에크하르트가 '참사람ein wahrer Mensch'이라고 부르며 임제선사가 '무위진인無位眞人'이라 부르는 참사람이 사는 모습은 어떠할까? 욕심이 없으니 다툴 일이 없고 소유하지 않으니 잃을 것이 없으며, 잃을 것이 없으니 두려움도 없다. 성과 속, 진과 속 어디에도 걸리지 않고 언제 어디서나 자유롭다. 성직자들처럼 유별난 복장을 하고 근엄하게 행동하거나 이상한 말투로 말하지도 않는다. 상식을 무시하지 않고 순리대로 살면 권위로 자신을 포장하지도 않는다. 겸손하지만 비굴하지 않고 떳떳하지만 목에 힘주는 일이 없다. 높은 사람, 낮은 사람 가리지 않으며 궂은일도 마다하지 않는 사람, 물처럼 부드럽고 낮은 곳에 처하기를 좋아하는 사람, 우는 사람과 함께 울고 기뻐하는 사람과 함께 기뻐하되 슬픔과 기쁨으로 흔들리지 않는 사람, 많은 것을 알지만 아무것도 모르는 사람, 모든 것을 누리지만 소유하지는 않는 사람, 자기를 버림으로 온 세상을 차지한 사람, 이런 사람이 영성을 사랑하는 자들이 흠모하는 참사람의 모습이다.

영성의 대가들을 만나다

• • •

　영성은 인간의 영적 본성 내지 성향을 가리키는 말이다. 이 본성은 오감에 의존하는 감성이나 우리의 일상적 사고능력인 이성으로는 접할 수 없는 세계와 인간의 더 깊은 실재를 만나도록 우리를 끊임없이 부추기고, 끝내 그것과 완전한 일치를 이루기 전에는 만족을 모르는 영혼 깊이에 뿌리박고 있는 성향이다. 이 본성 내지 성향의 실체는 과연 무엇이며 어떠한 것일까?

　우리나라 선불교 사상에 확고한 기초를 다져놓은 보조국사 지눌普照國師 知訥 선사의 선사상, 중세의 가톨릭 신학자이자 영성가인 마이스터 에크하르트의 신비주의 사상 그리고 정통 힌두교의 불이론적 베단타 사상을 고스란히 계승하고 체현함으로써 현대 인도의 가장 위대한 성자 가운데 하나로 추앙받는 스리 라마나 마하리쉬Sri Ramana Maharsi를 보면 알 수 있다.

이들은 각기 자기가 속한 종교 전통의 언어를 사용하여 초인격적 영성이 실현하는 '초의식적 천국'의 경지에 도달한 사람으로 여겨진다. 지눌 선사는 그것을 진심眞心 혹은 공적영지심空寂靈知心이라고 불렀고, 에크하르트는 지성intellectus 그리고 스리 라마나는 진아眞我 혹은 '나의 나我'라고 불렀다. 세 사람 모두 인간에게는 감성이나 욕망, 이성적 사고나 분별지를 넘어 모두에게 공통된 영적 본성이 있음을 말하고 있다. 그들은 이 영적 본성, 영적 인간성의 완벽한 실현이야말로 인간이 실현해야 할 최고의 행복이라고 한목소리로 증언한다.

켄 윌버가 말하는 의식의 세 단계

현대의 가장 주목할 만한 영성 사상가 가운데 한 사람인 켄 윌버Ken Wilber는 인간의 의식 · 정신 발달의 단계를 인격형성 이전의prepersonal, prerational 단계, 인격personal, rational의 단계, 초인격적transpersonal, transrational 단계로 구분한다. 윌버는 이 세 단계를 인간의 행복이라는 관점에서 각각 '의식되지 않은 지옥unconscious hell', '의식된 지옥conscious hell', '무의식적 천국unconscious heaven'으로 특징짓는다.

자의식이 발달한 인격 형성 이전 어린아이들의 정신세계는 아직 언어 능력과 합리적 사고가 형성되지 못한 세계다. 윌버는 낭만주의자들과는 달리 이런 어린아이들의 정신세계를 천진난만한 '무의식적 천국'으로 보지 않고 오히려 그 반대로 온갖 제어되지 않은 욕망이 난무하는 세계 그러나 자의식이 발달하기 전이므로 자신의 불행을 의식하지 못하는 '의식되지 않은 지옥'으로 간주한다. 그다음 단계는 언어, 자의식, 합리성이 발달하고 인격이 형성된 정신세계로서 끝없는 욕망과 갈등이 야기되는 '의식된 지옥'의 세계다. 마지막으로 윌버에 따르면, 인간은 이 지옥을 벗어나고자 자의식과 분별적 사고, 분석적 이성이 지배하는 인격의 단계를 초월하는 '초의식적 혹은 무의식적 천국'을 갈망하고 실현하고자 한다. 이 단계야말로 인간의 정신이 도달할 수 있는 최고의 경지로서 모든 종교, 특히 신비주의 영성이 궁극적으로 도달하고자 하는 구원의 경지라고 본다.

언어 능력과 합리성의 발달로 개체적 인격이 형성되지 않은 어린아이들의 세계가 과연 천국인지 지옥인지의 문제를 떠나, 우리는 맹목적 욕망과 충동이 지배하며 현실과 상상의 세계를 명확히 구분하지 못하는 정신세계를 비단 어린아이들뿐 아니라 정신적으로 미숙한 어른들에게서도 발견한다. '생물학적 인간' 혹은 동물적 유형에 속하는 사람들로서, 합리적 판단과 자제력 없이 욕망과 충동에 따라 행동하는 사람들이다. 자신을 객관화해서 성찰할 능력이 결여된 사람들이며 타인에 대한 배려나 양보 같은 것은 안중에 없는 유형의 사람들이라 하겠다.

생물학적 인간관을 넘어

서양의 반이성주의 사상가들 가운데는 이것이 인간의 본래적 모습이라고 주장하는 사람들이 있다. 인간을 기본적으로 동물과 별 차이가 없다고 보는 인간관이다. 이런 생물학적 인간관은 근대로 접어들면서 본격적으로 등장하기 시작했는데, 가장 대표적인 사람이 토마스 홉스T.Hobbes이며, 후대에 와서는 니체나 다윈, 프로이트 같은 사상가도 이 반열에 속한다. 또 최근의 리처드 도킨스R. Dawkins 같은 사람도 마찬가지다.

홉스나 프로이트 등에 의하면, 인간은 철두철미 욕망의 지배를 받는 존재로서, 제아무리 이성과 합리적 사고가 발달한다 해도 욕망 앞에서는 무기력하다. 이성은 자신의 이기적 욕망을 억제하거나 교묘히 합리화하는 도구에 지나지 않으며 인간은 결코 이기적 욕망의 사슬에서 벗어날 수 없다. 홉스에 따르면, 개인의 욕망이 방치된 '자연상태'는 '만인이 만인의 적이 되어 늑대처럼 싸우는homo homini lupus' 상태이기 때문에 모두가 생존의 위협을 느끼며 불안해한다. 사람들은 생존을 보장하기 위해서라도 사회질서를 유지하는 강력한 권력을 요구하게 되며, 심지어 독재라 해도 무질서보다 낫다고 여긴다. 홉스에게 사회질서나 도덕은 기본적으로 이러한 타협의 산물이며 인간의 이기적 본성은 끝내 사라지지 않는다.

프로이트도 이와 유사하게 인간을 철저히 성욕libido의 지배 아래 있는 존재로 보았다. 인간은 이성이 발달하고 사회와 문화의 강요로 어느 정도 원초적 욕망을 제어하며 살지만, 이 욕망은 결코 사라지지 않고 의식의 수면 아래로 가라앉아 여전히 우리의 사고와 행동을 뒤에서 지배한다. 프로이트에게 사회, 문화, 도덕, 종교, 사상 같은 것은 모두 표피적 현상에 지나지 않고 인간의 진실은 무의식의 세계에 감추어져 있다. 니체는 성욕 대신 힘의 의지를 말하며, 다윈은 생존경쟁과 적자생존, 도킨스는 '이기적 유전자'를 인간의 진실로 제시했다.

이들에게 이성이니 도덕성이니 영성이니 하는 것은 억압된 생물학적 욕망의 부차적 산물에 지나지 않는다. 인류 역사는 본능적 욕구를 충족시키기 위한 수단과 투쟁의 역사이며, 인생에 더 고차적 목적이나 의미 같은 것은 존재하지 않는다. 어른이든 아이든 인간은 욕망의 노예다. 욕망의 사슬을 벗어날 길 없는 인간은 일시적인 욕구의 충족에도 불구하고 끝까지 불행할 수밖에 없다. 윌버는 유아기나 어린아이 시절을 지나 합리적 사고를 하게 되고 자의식이 발달한 인격이 형성된다 해도 인간에게는 새로운 고민과 불행이 시작된다고 말한다. '의식되는 지옥'이 시작된다는 것이다. 이런 견해에는 역시 프로이트적인 인간관이 자리하고 있다. 인간이 아무리 의식과 합리성이 발달한다 해도 억압되고 축적된 무의식의 힘은 여전히 인격을 지배하고 교묘한 형태로 표출된다는 것이다.

인격 형성 단계에서도 인간은 여전히 집단이나 공동체에 속해 살지만, 각자가 자신을 인격적 주체로 의식하며 자유와 권리를 주장한다. 자신뿐 아니라 타인도 동등한 인격체임을 알고 존중하게 된다. 사회적 소속이나 신분, 성별이나 빈부 차이와 관계없이 모든 사람의 인격과 인권을 존중하며 나아가서는 보편적 인류애를 발휘하는 성숙한 인격의 경지까지 이르기도 한다.

인간을 이렇게 인격적, 합리적 주체로 이해하는 인간관이 보편화된 것은 인류 역사상 18세기 서구 계몽주의 시기 이후라 해도 크게 틀리지 않는다. 그 이전에도 인간은 결코 혈연이나 지연에 의한 집단에 전적으로 함몰된 존재는 아니었다. 하지만 근대 이전의 전통사회에서는 인간을 독자적 인격체나 주체로 간주하기보다는 특정 집단에 속한 존재로 보는 인간관이 지배적이었다. 사회적, 집단적 정체성이 인격체로서의 개인의 정체성에 우선했다. 서양 근대 사상은 수천 년, 아니 수만 년 인류 역사를 지배해 오던 이러한 집단적 인간관 내지 타율적 인간관에 종지부를 찍었다. 모든 사람의 인격과 자율성, 자유와 권리를 인정하고 존중하는 평등주의적 인간관을 보편화시킨 것이다. 서구 계몽주의는 인류 역사상 최초로 전통사회에서 인간을 규정하고 규제해 오던 각종 우연적 차이들 즉 가족, 부족, 민족, 신분, 계급, 성별, 문화나 종교의 차이로부터 인간을 해방하고 인간을 단지 인간이라는 이유 하나만으로 존중하고 자유와 권리를 인정하는 지극히 추상적인 평등주의적 인간관을 상식으로 자리 잡게 만든 지대한 공헌을 했다. 이른바 '보편인universal man'의 출현으로서, 이들이 민주사회의 시민이고 자본주의 사회의 경제적 주체로 등장한 근대인들이다. 이러한 근대적 인간관이 실제로 한 사회에서 보편적으로 인정되기까지는 오랜 시간이 걸렸으며, 아직도 진행 중인 과정에 있다.

이성과 자의식의 비극

하지만 인간해방이라는 혁혁한 공헌에도 불구하고 근대사회의 개인 인격과 권리 중심의 삶은 인간에게 결코 행복을 가져다주지 못했다. 가장 근본적인 문제는 자의식의 지나친 발달 자체가 불행의 원천이 되었기 때문이다. 자의식의 발달과 함께 인간은 자기분열 혹은 자기소외를 경험하게 된다. 인간은 자기 존재를 의식하는 대자적對自的 존재가 되는 순간부터 동물과 달리 나와 남을 구별하고 비교하는 삶을 살며 존재와 의식, 몸과 마음 사이에 괴리를 경험하는 이중적 자아로써 살게 된다. 인간만 경험하는 이러한 자기분열은 인간의 비극이자 특권이기도 하다.

인간은 자신의 몸뿐 아니라 마음이나 생각까지도 의식하고 성찰할 수 있는 존재다. 자신을 의식하고 대상화하고 살필 수 있는 자기초월적 존재이며 자유로운 존재라는 점은 두 가지 측면을 갖는다. 자기 행위와 인격에 대해서 책임을 지는 자유로운 존재라는 것과 바로 이러한 자유로 인해 방황하고 불안을 느끼는 불안정한 존재라는 것이다. 자신의 유한성과 죽음을 의식하고 자연적 욕구 이상의 욕심에 사로잡히는가 하면, 끊임없이 자신의 욕망과 갈등하고 싸워야만 한다. 존재와 의식이라는 이중구조를 지닌 인간은 '현실적으로 존재하는 자신'과 '되어야만 하는 당위적 자신' 사이에서 갈등한다. 자의식을 통해 자신의 존재를 확인하고 주체성과 자유를 확보할 수 있는 존재가 인간이지만, 이 때문에 인간은 자기 자신과 공동체와 자연 세계로부터 소외될 수 있는 존재이기도 하다.

근현대 사회는 이런 자의식이 보편화되어 개인의 주체성, 자유, 권리, 책임이 상식으로 자리 잡은 사회다. 개인주의가 극도로 발달하면서 자의식의 과잉 현상마저 생겨 고립된 개인들 사이에 끊임없는 긴장과 경쟁, 대립과 갈등을 야기한다. 신과 자연과 공동체로부터 단절되고 소외된 개인에게 고독은 운명이 된다. 윌버는 이것을 '의식된 지옥'이라고 부른다. 근현대인은 행복하려고 주체 선언을 했지만, 결코 행복하지 않고 새로운 지옥을 경험하며 산다는 것이다. 몸과 마음, 존재와 의식, 주체와 객체, 개인과 개인, 개인과 공동체, 인간과 자연 그리고 신과 인간 사이의 자연스러운 일체성과 유대감이 끊어지면서 인간은 분열과 대립을 넘어 원초적인 전체성을 되찾고자 끊임없이 노력한다. 분열된 존재, 갈등하고 괴로워하는 자신을 벗어나 통합되고 치유된 존재가 되기를 원하며, 분열과 대립 이전의 온전한 자아의 평안을 갈망한다. 따라서 개체성을 넘어 전체성, 인격성을 넘어 초인격적 경지, 의식을 넘은 무의식 내지 초의식의 경지, 이성적 진리를 넘는 초이성적 진리, 분별지를 넘어 무차별적인 평등지의 세계가 정신이 도달할 수 있는 최고의 경지로 부상한다. 윌버의 표현대로, '초인격적' 혹은 '의식되지 않은 천국'이다.

그렇다고 근대 이전의 세계, 즉 인격과 합리성과 주체성 이전의 세계로 되돌아가자는 것도 아니다. 윌버 역시 우리가 단순히 '의식하지 못하는 지옥'으로 묘사하는 인격 형성 이전의 세계로 되돌아가자고 주장하는 것이 아니다. 우리가 지향해야 할 세계는 어디까지나 인격성과 합리성을 넘어서는 세계이지, 그 이하가 아니기 때문이다. 근대성이 가져다준 인간 해방의 선물을 충분히 인정하고 누리되, 근대적 자아의 '의식된 지옥'을 벗어나는 새로운 정신적 차원으로 인간이 고양

되고 심화하여야 한다는 것이다.

현대 생물학적 인간관의 주창자들이 인간의 허위의식을 폭로하고 위선의 가면을 벗기는 데 공헌한 것은 사실이지만, 그렇다고 이것을 인간의 진정한 해방으로 내세운다면 곤란하다. 그들에게 도덕과 영성은 결국 동물적 본능의 지배 아래 있는 인간성에 대한 폭력이고 압제일 수밖에 없다. 나는 윌버가 말하는 어린아이들의 '의식되지 않은 지옥'이 과장이라고 생각한다. 그뿐만 아니라 이성을 갖춘 인격의 세계를 '의식된 지옥'으로 간주하는 그의 견해 역시 부분적 진리일 뿐이라고 생각한다. 그렇지만 언어와 분별심이 난무하고 자의식과 개인주의가 지나치게 발달한 현대사회에서 이성의 역할이 대립과 갈등의 '지옥'을 만들어내는 면이 다분히 있다는 사실은 부인하기 어렵다. 그렇다고 이성과 무의식을 무시할 수도 없는 노릇이다. 따라서 우리의 과제는 이성을 무시하지 않으면서도 이성을 초월하여 존재의 근원에서 인간과 우주 만물과 신이 하나가 되는 길을 모색하는 일이다. 다시 말해, 이성을 존중하되 이성이 영성으로 승화되는 길을 찾아야 한다.

이제 본격적으로 신비주의 영성의 세계로 들어가 보자. 이를 위해서 나는 우리나라 선불교 사상에 확고한 기초를 다져놓은 보조국사 지눌의 선사상, 중세의 가톨릭 신학자이며 영성가인 마이스터 에크하르트의 신비주의 사상 그리고 정통 힌두교의 불이론적 베단타 사상을 고스란히 계승하고 그 영성을 재현함으로써 현대 인도의 가장 위대한 성자 가운데 하나로 추앙받는 영성가가 된 라마나 마하리쉬의 영성사상을 동서양 영성을 대표하는 사상으로 살펴보고자 한다. 마지막으로, 이에 더하여 유교 영성의 대표 격으로 왕양명의 양지 개념을 이어받아 우리나라 양명학의 명맥을 현대 한국에 매개해준 유학자 백암 박은식의 사상을 간략히 소개한다.

지눌의 불성

지눌의 불성·진심 개념은 중국의 종밀(宗密, 780~841)선사의 사상에 크게 영향을 받았다. 특히 '지知' 개념을 불성의 핵體으로 간주하는 종밀의 불성론은 지눌의 진심사상에 결정적인 영향을 끼쳤고, 그를 통해서 한국 선불교의 핵심 사상으로 자리 잡게 되었다. 불성 사상에 관한 지눌은 종밀의 사상을 그대로 계승하고 있다. 따라서 우리는 둘을 굳이 구별할 필요 없이 그 요체를 에크하르트의 지성 개념과 비교하면서 살펴본다.

마음이 곧 부처임心卽佛을 말하는 선불교는 불성 사상에 기초하고 있다. 불성은 문자 그대로 부처님의 성품, 부처님의 순수한 마음으로서, 번뇌로 더럽혀져 있는 중생심도 본래는 부처의 마음과 조금도 다르지 않고 누구든 이 본래의 마음本心을 깨닫고 실현하면 곧 부처가 된다는, 아니 곧 부처라는 것이 선의 요지다. 불성은 인간의 참 마음眞心이며 본래의 성품本性이다.

종밀에 의하면 달마대사가 중국에 온 후 이 부처님의 마음이 제6조 혜능(慧能, 638~713)대사 때까지는 오직 마음에서 마음으로만 전해졌고 각자가 수행을 통해서 직접 체험할 뿐 그것이 무엇인지 전혀 언표되지 않았다고 한다. 그야말로 불립문자不立文字, 이심전심以心傳心으로 비밀리에 전수됐다는 것이다. 그러다가 사람들의 근기가 타락하고 약해져서 이 비밀스러운 진리가 멸절될 위기를 맞자 하택신회(荷澤神會, 685~760) 선사가 출현하여 불성의 핵심體을 지知, 앎라는 한 글자로 밝혀주었다고 한다. 신회의 사상을 계승한 종밀은 이를 두고 "지라는 한 글자는 모든 묘함의 문이다知之一字衆妙之門"라고 표현했다.

지눌 스님은 신회神會와 종밀宗密 선사의 설에 따라 불성 혹은 진심을 공적영지지심空寂靈知之心이라고 부른다. 공적과 영지, 혹은 단순히 적寂과 지知가 진심의 두 본질적 측면이라는 것이다. 중생의 본래적 마음인 진심은 일체의 번뇌와 생각을 비운 고요한空寂 마음이지만, 동시에 그 자체에 신묘한 앎靈知 내지 순수한 의식이 있는 세계다.

적과 지는 불교의 전통적 용어로는 정定, samadhi과 혜慧, prajñā에 해당하며, 선에서는 수행을 통해 비로소 얻어지는 것이 아니라 우리의 마음이 본래부터 가지고 있는 성품, 즉 자성정혜自性定慧라고 한다.

종밀은 공적영지지심을 깨끗하고 투명한 구슬인 마니주摩尼珠에 비유한다. 구슬이 티 없이 맑고공적 투명해서영지 주위 사물을 있는 그대로 반영하듯, 진심은 일체의 번뇌와 망상을 여읜 깨끗한 마음이지만, 동시에 만물을 비출 수 있는 투명한 구슬과도 같이 신묘한 앎을 본성으로 가지고 있다. 지눌은 진심의 본체體가 가지고 있는 이 두 측면, 즉 적과 지, 혹은 정과 혜를 체體와 용用의 관계로 설명한다.

불성과 에크하르트의 지성

이를 에크하르트의 지성intellectus 개념과 대비해 보자. 스콜라 철학의 용어로 말하면, 진심의 체는 영혼의 실체substantia 개념에 해당한다. 연기법을 위주로 하는 불교는 물론 실체론적 사고를 거부한다. 따라서 불성이라 해도 인도의 우파니샤드에서 말하는 아트만 같은 영적 실체는 아니라고 불교에서는 말하지만, 중국에서 전개된 불성 사상, 특히 종밀의 불성론은 실체론적 사고에 매우 근접하고 있음을 부인하기 어렵다. 적어도 불성 사상에 기초한 선불교는 실재를 공종空宗의 부정적 개념을 넘어 불성이라는 적극적 개념으로 표현하는 성종性宗에 속한다.

여하튼 마이스터 에크하르트에게도 영혼의 실체는 '적'과 '지'의 양면을 지닌다. 에크하르트의 지성은 일체의 '이런저런' 사물의 상Bild, image, 像, 相을 떠난 순수한 실재이며, 유有보다는 텅 빈 무無의 성격을 지닌다. 그것은 '적막한 황야'와도 같이 고적하고 공적하다. 그러나 동시에 지성은 '앎'의 활동intelligere으로서, 이런저런 잡다한 사물들을 상대하고 분별하는 인식 활동이나 영혼의 기능들과는 달리 불변하는 앎 그 자체다. 모든 사물을 인식하고 의식하되 그 자체는 어떤 사물에도 구애받지 않는 맑고 순수한 앎, 그야말로 영묘한 앎靈知이다.

지눌에 따르면 정과 혜, 적과 지知 가운데서 만물을 비추고 반영하는 지가 특히 중요하다. 지야말로 '중묘지문衆妙之門'으로서 불성 혹은 진심의 본체 중 본체이며 핵이다. 지는 에크하르트의 지성과 마찬가지로 온갖 사물을 상대하되 그 자체는 아무런 영향을 받지 않아 순수하고 초연하다. 지는 우리의 일상적 분별지分別知가 아니며 상像, 相을 통해 사물을 인식하고 분별하는 지성이 아니다. 지는 또 깨달음의 지혜 즉 반야般若와도 구별된다. 지는 분별지는 물론이고 반야지를 통한 인식의 대상도 아니다. 종밀은 이 원초적 지, 순수한 절대지를 다음과 같이 묘사하고 있다:

> 그것은 식識에 의해 알 수 있는 것이 아니며(非識所能識: 그것은 식으로 알 수 없다. 식은 분별의 범주에 속한다. 분별된다면 그것은 진지眞知가 아니다. 진지는 단지 무심에서만 볼 수 있다) 또 마음의 대상도 아니다(亦非心境界: 그것은 지혜로 알 수 없다. 지혜로 깨달을 수 있는 것이라면, 그것은 깨달아야 할 대상의 범주에 속할 것이다. 그러나 진지는 대상이 아니기 때문에 지혜로 깨달을 수 없다).

지知는 부처든 중생이든, 성인이든 범부든, 누구나 가지고 있는 인간의 본래적 성품 내지 참 마음本有眞心으로서, 순수한 앎 그 자체이고 항구 불변하다:

> 이 가르침은 모든 중생이 예외 없이 공적진심空寂眞心을 가지고 있다고 가르친다. 그것은 무시無始 이래 본래 깨끗하고 빛나고 막힘이 없고 밝고 환히 상존하는 앎常知이다. 그것은 상주常住하며 무궁토록 결코 멸하지 않는다. 불성佛性이라 이름하며 또 여래장如來藏, 심체心體라고도 부른다.

에크하르트에 의하면, 지성은 '영혼의 불꽃'과도 같은 실재로서 인간 '영혼 안에 있는 어떤 창조되지 않은 힘'이다. 그것은 영혼의 근저이자 신의 근저이며, 신과 영혼은 여기서 아무런 차이 없이 완전히 하나다. 에크하르트의 지성 역시 불성과 마찬가지로 잡다한 사물들을 대하고 분별하는 우리의 일상적 인식으로는 알 수 없다. 오직 일체의 상像, 相을 비우는 철저한 초탈 혹은 영적 가난을 통해서만 접할 수 있다. 선불교에서 말하듯 오직 무념, 무심, 무상이 아니고는 접할 수 없다.

지눌에게 지知는 진심의 세계와 일상생활의 세계를 연결하고 매개해주는 신비한 실재다. 마치 맑고 투명한 구슬이 바로 그 투명성으로 인해 온갖 바깥 사물들을 비출 수 있듯이, 진심은 '지'라는 자성의 작용自性用으로 인해 일상의 사물들을 인식하고 온갖 변하는 조건에 응하고 작용하는隨緣用 세계를 연출한다. 지를 통해서 일상사의 세계가 불성의 작용으로 전개된다. 보고 듣고 생각하는 우리의 일상적 행위가 전부 깨달음의 행위가 된다. "평상심이 곧 도"가 되는 세계가 열린다. 하지만 이 평상심은 번뇌 망상으로 뒤덮인 범부들의 일상심이 아니라 어디까지나 진심의 신묘한 작용眞心妙用으로 전개되는 순수한 세계다.

에크하르트의 지성 역시 이렇게 일상적 세계와 연결되고 만난다. 지눌에게 일상적 지각 활동이 바로 불성의 작용이듯이, 에크하르트에게도 영혼의 다양한 기능 즉 인식, 감정, 의지 등은 영혼의 실체이자 근저인 지성에서 흘러나오며 지성의 빛을 떠나서 독자적으로 기능하지 않는다. 영혼의 실체와 활동, 지성의 빛과 마음의 일상적 기능들은 결코 이원적으로 구별되지 않고 따로 작용하지 않는다.

영혼의 다양한 기능과 활동이 지성 자체에 뿌리를 두고 있는 한, 지성은 이러한 기능들보다 조금도 우월하지 않다. 이 둘은 불가분적으로 하나이기 때문이다. 하지만 지눌이 불변하는 자성용自性用과 가변적인 수연용隨緣用을 구별하듯이, 에크하르트 역시 영혼의 본체인 지성과 영혼의 다양한 기능을 구별한다. 전자는 영원불변하고 후자는 수시로 변하는 잡다한 일상의 세계를 상대한다. 중요한 것은 영혼이 무슨 활동을 하든지 그 자체의 근저이자 신의 근저인 지성에 근거해서 해야 한다는 것이다. 그러면 일상의 모든 활동이 그대로 고귀하다. 불교학자 강건기 교수는 이러한 경지를 원효의 말을 빌려 다음과 같이 표현한다.

우리는 보고, 듣고, 냄새 맡고, 맛보고, 촉감을 느끼고, 또 생각을 하며 산다. 그런데 그렇게 감각, 지각하는 대상만 가지고 분별하며 시비할 뿐 그렇게 하는 바탕, 원천에 대해서는 전혀 관심을 가지지 않고 산다. 이것이 마음의 원천을 등진 삶이다. 원효 스님은 마음의 원천을 등진 삶을 이렇게 지적한 바 있다. "뭇 생명 있는 자들의 감각적 심리적 기관은 본래 하나인 마음에서 생겨난 것이지만 그것들은 그 근원을 배반하고 뿔뿔이 흩어져 부산한 먼지를 피우기에 이르렀다."

에크하르트 역시 우리가 영혼의 근저를 떠나 잡다한 감각 대상에 휘둘리면서 자신의 영혼을 해체, 분산, 외화 시키지 말라고 경고한다. 결론적으로, 지눌이나 에크하르트에게 진과 속은 하나도 아니고 둘도 아니다不一不二. 영혼의 본체와 활동, 자성용과 수연용, 마음의 근본과 일상적 인식 활동은 구별되지만, 결코 분리될 수는 없기 때문이다.

종밀과 지눌의 불성 사상이 스콜라 철학의 실체론적 사고와 완전히 일치한다고는 말하기 어렵지만, 상주常住하는 상지常知 개념을 불성 사상의 중심으로 삼고 있다는 점에서 다분히 실체론적 사고에 근접하고 있다는 것은 부인하기 어렵다. 사실 불성 사상이 공사상을 넘어서 힌두교 베단타 사상의 영적 실체론의 영향 아래 형성된 것이라면, 에크하르트의 지성 개념이 종밀이나 지눌의 불성 개념과 놀라운 유사성을 보이는 것은 결코 이상한 일이 아니다.

이러한 유사성은 힌두교의 불이론적 베단타의 영성을 체현함으로써 현대 힌두교의 성자로 추앙받는 스리 라마나 마하리쉬의 진아 개념과 지눌의 사상을 비교하면 더 현저하게 드러난다.

텅 비어 있는 순수의식의 빛

지눌의 공적영지나 에크하르트의 지성은 인간의 불변하는 영적 본성이며 본심이다. 그것은 인간을 인간답게 만드는 인간성 자체다. 우리가 무엇을 의식하고 어떻게 행동하든, 이 진심 혹은 지성은 아무런 영향을 받지 않는다. 그것은 마음의 본성이며 영혼의 본체다. 우리 마음이 미혹되든 지혜롭든, 범부의 마음이든 성인의 마음이든, 우리의 모든 의식과 정신 활동의 배후에 있는 변하지 않는 마음의 성품 그 자체다. 그것은 이런저런 의식이 아니라 모든 인식 활동의 배후에 있는 순수의식 그 자체이며 언제 어디서나 만물을 비추는 순수하고 보편적인 의식의 빛이다.

우리의 일상적 의식과 정신 활동은 주체와 객체로 분리된 상태에서 활동한다. 유식唯識사상의 용어로 말하면 견분見分과 상분相分으로 나뉘어져 끊임없이 분별심을 낸다. 우리의 의식은 주체로서 자기 몸이나 외부 대상들을 인식하기도 하고 때로는 자기 자신의 의식 상태를 상대로 의식하고 성찰하기도 한다. 이렇게 주객이 나뉜 상태로 인식 활동을 하는 마음 혹은 인식의 주체를 우리는 '나', 즉 자아self로 생각하지만, 이렇게 대상과 관계하는 인식 주체는 결코 나의 진정한 자아, 깊은 자아가 아니다. 그것은 단지 의식하는 주체일 뿐이며 대상을 의식하고 대상에 따라 행동하는 표피적 자아일 뿐이다. 대상을 의식하고 또다시 의식을 대상화해서 포착되는 자아는 결코 진정한 자아, 불변하는 심층적 자아가 아니다. 우리는 흔히 자기 자신을 안다고 생각하지만, 이렇게 앎의 대상이 되는 자아는 진정한 자아가 아니다. 그것은 대상과 관계하는 자아, 대상 세계에 의해 형성된 자아, 세계와의 관련 속에서 형성된 자아, 즉 내 안에 들어와 있는 세상일 뿐이다.

지눌의 공적 영지의 마음과 에크하르트의 지성은 이러한 주객 분리와 대립에 근거한 주체, 즉 대상을 상대하는 의식이 아니라, 그보다 더 근원적이고 심층적이고 불변하는 '식' 그 자체다. 불성과 지성은 그야말로 텅 비어 있는 '순수식'으로서, 그 자체는 아무런 내용이 없기 때문에 결코 의식의 대상이 될 수 없다. 모든 상과 생각을 여읜 무상, 무념의 경지이기 때문에 우리는 그것에 대해 어떤 생각이나 관념도

가질 수 없고 이미지나 특징을 포착할 수도 없다.

불성과 지성은 순수식으로서, 대상을 상대로 하는 모든 구체적 의식과 인식을 가능하게 하지만 그 자체는 텅 비어 있는 순수한 앎이다. 마음의 본체인 공적영지와 지성은 바로 그 자체가 텅 비어 있으므로 다양한 사물들을 상대할 수 있고 인식할 수 있다. 지와 지성은 주객 미분의 근원적 앎이므로 절대 지다. 우리의 참 자아이고 보편적인 인간성이고 초인격적인 주체라는 것이 지눌이나 에크하르트의 공통된 증언이다. 이 절대 주체는 결코 의식에 포착되거나 인식의 대상이 될수 없다. 우리가 그것을 대상화하고 의식하려는 순간 그것은 이미 그 뒤로 한 발짝 물러나 있기 때문이다. 자기가 자기 그림자를 밟을 수 없듯이, 혹은 자기 눈으로 자기 눈을 볼 수 없듯이, 혹은 칼이 자신을 스스로 벨 수 없듯이, 절대 주체인 진아는 결코 인식의 대상이 될 수 없다고 한다. 대상이 되는 순간 이미 그것은 절대 주체가 아니기 때문이다. 지눌은『수심결』에서 이에 대해 다음과 같이 말하고 있다:

묻는다: 어떤 방편으로써 한 생각 기틀을 돌려 문득 자기의 성품을 볼 수 있습니까?

답한다: 단지 그대 자신의 마음인데, 다시 무슨 방편이 있겠는가? 만약 방편을 사용해서 다시 알기를 구한다면, 마치 어떤 사람이 자기 눈을 볼 수 없기 때문에 눈이 없다고 하면서 새삼 눈을 보려는 것과 마찬가지다. 이미 자기 눈인데 다시 어떻게 보겠는가? 만약 눈을 잃은 것이 아님을 알면 즉시 눈을 보는 것이 되어 다시 보려는 마음이 없을 것이니, 어찌 보지 못한다는

생각이 있겠는가? 자기의 신령한 앎(영지) 역시 이와 같다. 이미 자신의 마음인데 무얼 다시 알기를 구하겠는가? 만약 알기를 구한다면 얻을 수 없음을 알아라. 단지 알 수 없음을 알면 그것이 곧 [자기] 성품을 보는 것이다.

아마도 인류 역사상 이러한 절대 주체 혹은 진아의 진리를 가장 일찍 간파한 사람은 인도의 고전『브르하드아라니야카 우파니샤드』에 나오는 현자 야즈나발키야Yajnavalkya였을 것이다. 그는 자아Atman란 모든 봄seeing의 보는 자seer, 들음hearing의 듣는 자hearer, 앎knowing의 아는 자knower이지만, 이 아는 자 자체는 결코 또 하나의 앎의 대상이 될 수 없음을 설파했다. 지눌의 공적영지나 에크하르트의 지성과 마찬가지로 모든 인식 활동의 주체이며 순수의식의 빛이지만, 그 자체는 결코 인식의 대상이 되지 않는다. 지눌의 표현으로 '견문각지' 하는 주체로서의 불성이며, 임제 선사가 말하는 '법을 설하고 듣는', '목전의 뚜렷이 밝은 형상 없는 것'으로서 대상적 인식을 초월하는 절대 주체다.

라마나 마하리쉬, 참 자아 찾기

이러한 진아를 16세의 나이에 직접 깨달아 현대 힌두교의 성자로 추앙받게 된 사람이 바로 스리 라마나 마하르쉬이다. 그의 가르침을 한마디로 요약하면, 자아 탐구를 통한 자아 발견에 있다. 라마나는 인간의 깊은 자아, 참 자아, 결코 대상화될 수 없는 절대적 자아, 모든 앎과 경험의 진정한 주체이지만 깊이 감추어져 있는 자아, 결코 일상적 앎의 대상이 될 수 없는 절대적 주체를 피상적 '나'와 구별해 '나의 나ı-ı'라고 부른다.

우리의 의식이 깨어있든 꿈을 꾸든 혹은 깊은 수면 상태에 있든, 이 자아는 아무런 영향을 받지 않고 언제나 이 세 가지 정신 상태의 주시자 saksin, witness로서 그 배후에서 스스로 빛을 발하는svayam-prakāsa 존재다. 진아는 모든 지각에서 '지각하는 자'로 현존한다.

나의 나는 결코 인식이나 의식의 대상이 되지 않는다. 그것을 의식하려는 의식의 배후에서 의식을 가능하게 하는 심층적 의식, 의식 아닌 의식이기 때문이다. 나의 나는 어떤 차별상도 지니고 있지 않은 의식, 그러나 모든 구체적 의식 활동의 배후에서 간단없이 빛을 발하는 무한한 의식, 순수한 의식 그 자체다. 나의 나는 나의 몸이 아님은 물론이고 나의 몸이나 다른 대상들을 의식하는 마음도 아니고 마음 상태를 의식하고 살피는 의식도 아니다. 그것은 의식이나 자의식의 대상이 되는 자아가 아니다. 대상이 되는 자아는 우리의 참나가 아니라 수시로 변하는 현상적 자아, 상대적 자아, 껍데기 자아, 거짓 자아일 뿐이다.

우리가 일상적으로 사용하고 있는 '나'라는 말은 나의 신체나 마음, 어떤 의식 상태를 가리킨다. 그것은 결국 다양한 경험에 의해 형성된 현상적 자아일 뿐이다. 대상과 인식 내용에 따라 수시로 변하는 자아, 아파하고 슬퍼하고 욕망하고 비교하고 갈등하는 자아다. 라마나에 의하면 인간의 모든 불행은 바로 이러한 현상적 자아, 세속적 자아, 즉 울고 웃고 슬퍼하고 즐기고 비교하고 비교되기도 하며 항시 변하는 자아를 참나로 오인하는 데서 온다. 반대로 인간의 궁극적 행복, 즉 해탈은 지혜의 길을 통해 참나를 발견하는 자기 탐구와 자기 발견으로만 가능하다. 무지로 인해 참나에 겹겹이 덮어 씌운假託 adyāropa, super-imposition 껍데기들을 제거하여 깊이 감추어진 나를 발견해서 참나로 사는 데 있다.

참나를 만나려면 참나를 가리고 있는 모든 의식, 생각, 마음, 언어와 정신 활동을 일단 멈추어야만 한다. 무엇보다도 참나를 현상적 자아로 오인하는 무지에서 벗어나야만 한다. 아상我相, ahamkāra과 아소상我所相, mamakāra을 벗어나야 한다. 라마나는 말한다:

> 마음속에 일어나는 모든 생각 중에서 '나'라는 생각 I'-thought이 첫 번째 생각입니다. 다른 생각들은 이 '나'라는 생각이 일어난 뒤에야 일어납니다.

따라서 이 '나'라는 거짓된 생각을 제거하는 일이야말로 해탈의 지름길이다.

인도 철학자 마하데반T. M. P. Mahadevan은 라마나의 사상에 대해 다음과 같이 말하고 있다:

> 스리 라마나의 철학은 불이론적 베단타Advita Vedānta와 동일하게 자아실현을 목적으로 한다. 이 철학이 가르치는 중심 되는 길은 자아Self의 본성에 관한 탐구, '나'라는 관념의 내용에 관한 탐구다. 일상적으로 '나'라는 영역

은 변하며 다수의 요소를 담고 있다. 그러나 이 요소들은 참 '나'가 아니다. 예를 들어, 우리는 물질로 된 신체를 '나'라고 말하고 "나는 살이 쪘다", "나는 야위었다"라고 말한다. 우리는 이것이 올바른 말이 아님을 곧 알 수 있다. 정신이 없는 몸 스스로가 '나'라는 말을 할 수 없다. 아주 무지한 사람이라도 '나의 몸'이라는 말의 의미를 안다. 그러나 '나'와 아상(我相, egoity, ahamkāra)의 그릇된 동일시를 푸는 일은 쉽지 않다. 그 이유는 탐구하는 마음 자체가 에고_(ego)이기 때문이며, 이 잘못된 동일시를 제거하기 위해서는 말하자면 에고가 자신에 대한 사형선고를 내려야 하기 때문이다. 이는 결코 용이한 일이 아니다. 에고를 지혜의 불에 봉헌하는 일이야말로 가장 위대한 제사다.

켄 윌버는 우파니샤드와 라마나 마하리쉬의 가르침에 의거하여 거짓 나를 물리치고 참나, 즉 초인격적 자아를 발견하는 길로써 다음과 같은 '주시자 훈련'을 권장한다:

나에게 몸이 있으나, 나의 몸이 나는 아니다. 나는 나의 몸을 보고 느낄 수 있으나, 보고 느낄 수 있는 것은 참 보는 자_(true Seer)가 아니다. 나의 몸은 피곤하거나 흥분되거나 아프거나 건강하거나 무겁거나 가벼울 수 있지만, 이것은 나의 내면과는 아무런 상관이 없다. 나에게 몸이 있지만, 나의 몸이 나는 아니다. 나에게 욕망들이 있으나, 나의 욕망들이 나는 아니다. 나는 나의 욕망들을 알 수 있으며, 알 수 있는 것은 참 아는 자_(true Knower)가 아니다. 욕망들은 나의 의식 속에 떠다니며 오고 가지만, 그것들은 나의 내면에 영향을 주지 않는다. 나에게 욕망들이 있으나, 욕망들이 나는 아니다. 나에게 감정들이 있으나, 나의 감정들이 나는 아니다. 나는 나의 감정들을 느끼고 의식할 수 있으며, 느낄 수 있고 의식할 수 있는 것은 참 느끼는 자true Feeler가 아니다. 감정들은 나를 통과하지만, 나의 내면에 영향을 주지 않는다. 나에게 감정들이 있지만, 감정들이 나는 아니다. 나에게 생각들이 있으나, 내 생각들이 나는 아니다. 나는 내 생각들을 알 수 있고 직관할 수 있으며, 알 수 있는 것은 참 아는 자True Knower가 아니다. 생각들은 나에게 왔다가 떠나지만, 나의 내면에 영향을 주지 않는다. 나에게 생각들이 있지만, 내 생각들이 나는 아니다.

이것은 선에서 마음의 본성을 돌이켜보는 일종의 회광반조回光返照 행위의 일종이다. 다른 한편으로는 비파샤나(마음 챙기기, 혹은 심신자각, vipasyana) 관행觀行을 설하는 『사념처경四念處經』(Satipatthana-sutta)을 읽는 것 같기도 하고, 인간을 구성하는 오온色受想行識의 하나하나를 두고서 "이것은 나의 자아가 아니다"라고 비아非我, anattā를 설하신 부처님의 설법을 연상시키기도 한다.

비구들이여, 색色, 몸은 나가 아니다. 만약 색이 나라면 병에 걸릴 리가 없으며, 나의 몸더러 이렇게 되라 저렇게 되라 말할 수 있을 것이다. 그러나 색은 나가 아니기 때문에 병에 걸리고 또 이렇게 되라 저렇게 되라 말할 수 없다. 수受, 감정에 대해서도 마찬가지며, 상想, 행行, 식識에 대해서도 마찬가지 사실을 알 수 있다. 이렇게 "무상하고 괴롭고 변하는 것을 두고 '이것은 나의 것이다, 이것이 나다, 이것이 나의 자아다'라고 할 수 있겠는가?"

팔리어 『무아상경無我相經』에는 오온 각각에 대해, "이것은 나의 것이
아니다, 나는 이것이 아니다, 이것은 나의 자아가 아니다⋯. 무상하고
괴롭고 변하는 것을 두고 '이것은 나의 것이다, 나는 이것이다. 이것은
나의 자아다'라고 말하는 것이 옳으냐?"라고 말하고 있다.

부처님은 과연 여기서 무아無我를 설하셨는가 아니면 단지 잘못된
아상我相과 아소我所를 물리치라고 말씀하신 것인가? 대승불교의 불성
사상 내지 여래장 사상은 후자라고 답한다. 불성은 곧 진아眞我, 왕양명
이 말하는 진기眞己: 참 자기, 장자나 임제의 진인眞人이다. 종밀과 지눌의
공적영지지심空寂靈知之心, 무엇보다도 힌두교 우파니샤드와 불이론적 베
단타 사상의 핵심 개념인 아트만이고, 에크하르트가 지성intellectus 혹은
'참 인간'이라고 부르는 것 그리고 라마나의 '나의 나'다. 모두 초인격적
자아, 보편적 자아인 참나의 실현을 최고의 정신적 경지로 간주한다.

백암 박은식의 양지

한국 유학은 중국이나 일본과 달리 주자학(성리학)을 정통으로 삼
아 주자학 일변도로 전개되었다. 하지만 이런 가운데서도 내가 사는
땅 강화도에서 하나의 학파를 형성할 정도로 양명학 전통을 고수하고
후학들에게 전수한 학자가 있었다. 하곡 정제두(霞谷 鄭齊斗, 1649~
1736)다. 그의 문하에서 양명학의 계보를 잇는 이건창, 이건승, 정원

하, 이건방 등이 배출되었다. 근대 한국에서 양명학의 문을 열어준 위당 정인보(爲堂 鄭寅普, 1893~1950)는 이건방의 제자이며, 현대 한국 양명학의 개척자 백암 박은식(白巖 朴殷植, 1859~1925)을 흠모했다. 박은식은 여섯 구절로 양지良知 개념을 소개했는데, 양명학 영성의 핵심인 양지를 잘 표현하고 있다:

① 자연히 밝게 깨닫는 앎自然明覺之知
② 순수하고 거짓이 없는 앎純一無僞之知
③ 흘러가면서 쉬지 않는 앎流行不息之知
④ 널리 응하고 막힘이 없는 앎泛應不滯之知
⑤ 성인과 보통사람의 간격이 없는 앎凡聖無間之知
⑥ 하늘과 인간을 하나로 합하는 앎天人合一之知

_ 정인재, 『양명학의 정신』, 24쪽

양지良知 개념은 기본적으로 우파니샤드의 아트만, 불교의 불성佛性 개념까지 소급되지만, 지눌 선사의 영지靈知 개념이나 에크하르트의 지성知性, intellectus 개념과 근본적으로 일치한다. 사실 이 '지' 개념은 유학에서 양명학만의 전유물이 아니다. 주자학에서도 인간이 하늘로부터 품수 받은 지성의 영지불매靈知不昧한 성격이 다양하게 표현되고 있다. 하지만 맹자의 양지良知, 양능良能, 양심良心 개념을 이어받아 발전시키고 유학 사상의 핵심으로 삼은 사람은 중국 명대의 왕양명(王陽明,

1472~1529)이었고, 오늘날 대만, 홍콩 등 동아시아 현대 신유학 사상가들에 의해 재조명되면서 세계적인 주목을 받고 있다. 우리나라에서도 정인재 교수를 비롯한 많은 학자가 양명학 연구에 종사하고 있다.

초인격적 영성의 세계는 하나일까?

영성의 핵심 혹은 최고 경지는 절대적 실재 즉 신神, 천天, 도道, 브라만梵, 법신法身 혹은 진여眞如와 인간의 본래적 마음本心, 즉 진아眞我의 일치, 이른바 신비적 합일unio mystica에 있다. 비교사상의 관점에서 볼 때, 신비적 합일에는 크게 두 가지 유형이 있다. 하나는 주로 유대교, 그리스도교, 이슬람과 같이 초월적 인격신을 강조하는 유일신신앙의 종교에서 발견되는 신인합일로서, 여기서는 인간의 영혼과 하느님의 완벽한 일치 내지 동일성보다는 둘 사이의 관계적 일치를 추구한다. 인간 영혼이 끝까지 개체성을 상실하지 않은 채 하느님과 사랑으로 하나가 되는 경험을 강조하는 사랑의 신비주의가 주류를 이룬다. "나는 사탕을 맛보고 싶지 사탕이 되고 싶지는 않다"라는 현대 힌두교 성자 라마크리슈나Ramakrishna의 말과 같이, 절대자와의 일치를 경험하는 영혼의 개체성이 끝까지 남는 관계적 일치의 체험이다. 지혜의 길보다는 신애信愛, bhakti의 길을 따르는 대중적 힌두교가 추구하는 영성도 이 범주에 속한다. 그리고 물론 그리스도교, 유대교, 이슬람과 같은 유일신신앙이 지배하는 풍토에서는 신과 인간의 완벽한 일체 내지 동일성보다는 의지와 사랑의 일치를 강조하는 관계적 일치의 신비주의가 주종을 이룬다.

이와 달리 불이론적 베단타 사상에 기초한 신비주의, 불교, 도교, 유교 등 동양 종교에서는 개체나 개인을 구성하는 일체의 우연적이고 차별적인 요소들이 사라져버린 완벽한 일치, 다시 말해서 절대와 상대의 합일union보다는 동일성identity, oneness, unity의 신비 경험을 최고의 경지로 간주한다. 여기에서는 신비 경험을 하는 인간의 개체성이 완전히 사라지고 경험 주체와 대상의 구별마저 사라진다. 절대적 실재는 우리가 도달해야 할 목표라기보다는 이미 우리 내면에 있는 우리의 참나이며, 신비체험은 곧 이 참나의 자각이고 실현이다. 참나는 인간의 영적 본성 자체이며, 참나의 실현은 '나'와 '너'의 구별이 사라진 초인격적 구원인 해탈이다. 지눌의 공적영지, 에크하르트의 지성 그리고 라마나의 '나의 나' 등이 모두 개체성을 초월한 신적 정신 혹은 우주적 정신이며 초이성적인 슈퍼마인드supermind이다.

지눌과 라마나의 신비주의는 절대와 상대 사이에 털끝만 한 차이나 간격도 허락하지 않는 완벽한 일치를 추구하는 신비주의다. 에크하르트는 하느님의 초월성을 강조하는 그리스도교 신학을 배경으로 하는 신비주의 영성가이면서도 하느님과 인간 영혼의 완벽한 일치를 설하는 데까지 나아갔다. 이 점에서 그는 그리스도교 내에서 실로 예외적 존재라고 할 수 있다. 이 때문에 그는 과거 가톨릭교회에서 '이단' 사상가로 정죄를 받을 정도였다. 정통 그리스도교 신학에서는 하느님과 인간의 완벽한 일치는 오직 하느님의 육화incarnation로 간주되는 예수 그리스도에게서만 실현되었다. 그리스도는 본성상 하느님의 아들이고 그리스도인들은 하느님의 은총으로 하느님의 아들이 된 입양아들이기 때문이다. 에크하르트는 이러한 구별을 과감히 뛰어넘어 인간 영혼이 본성상 하느님과 조금도 차이가 없는 그의 모상일 뿐 아니라 인간 영혼의 근저가 바로 신의 근저와 완전히 하나인 경지로까지 돌파해 들어가는 영성을 추구했다. 에크하르트 신비주의는 인간 영혼이 일체의 상을 떠나 비워지고 자유로워지는 가난과 초탈의 영성, 그야말로 무념, 무상, 무심의 경지에서 신과 완벽한 하나를 이루는 영성을 지향하고 있다.

이런 면에서 에크하르트 신비주의 영성을 연구하는 서구 학자들이 힌두교나 불교와 같은 동양사상, 특히 선불교에 관심을 가지고 오래전부터 양자 사이의 유사성에 주목해온 것은 놀랄 일이 아니다. 한편 동양에서도 에크하르트의 사상은 선불교를 배경으로 하는 일본 학자들에게 비상한 관심을 끌어왔고, 그를 매개로 해서 불교와 그리스도교의 대화도 활발하게 진행되어왔다. 이른바 경도학파 계열에 속하는 니시타니 케이지啓治西谷나 우에다 시즈테루上田閑照가 대표적 인물이다.

나도 이와 유사한 관점에서 에크하르트의 신비주의 영성에 오랫동안 관심을 기울여왔다. 이 글에서 나는 지눌의 선사상이 불교의 모태인 힌두교 사상은 물론이고 그리스도교 신비주의 사상과도 근본적으로 일치하고 있음을 밝힘으로써 인류가 초인격적 영성의 세계에서 하나가 될 가능성을 확인해 본 셈이다.

종교, 상징, 영성

• • •

산타는 존재하는가?

어느 크리스마스 오후, 우연히 텔레비전 영화를 보게 되었다. 어느 산타 할아버지를 둘러싼 이야기를 다룬 영화였는데, 제목도 모른 채 중간부터 보게 되었다. 이야기인즉 산타 할아버지가 한 백화점에서 아이들의 인기를 독차지하면서 백화점의 매상이 부쩍 오르자 이를 시샘한 근처 백화점에서 할아버지에게 테러를 가하는 일이 생겼다. 급기야 두 백화점 사이에 소송 전까지 벌어지고 변호사들 사이에 논쟁이 벌어지는데, 산타가 실재하는지 아니면 이 할아버지가 허구를 팔아 아이들을 현혹해서 돈을 버는 게 아니냐는 우스꽝스러운 논쟁으로 번졌다. 요즘 똑똑한 아이들은 5, 6세만 되어도 산타가 존재하지 않는다는 것을 아는데, 어른들이 변호사까지 동원해서 이런 논쟁을 벌이다니 아이들조차 코웃음을 칠 일이다. 요즘 애들은 산타를 믿지 않지만, 선물을 받으려고 순진하게 믿는 척 연기한다고 한다. 여하튼 이 우스꽝스러운 논쟁 중에 산타는 하나의 '상징'이라는 말이 귀를 쫑긋하게 만들었다. 불현듯 하느님을 믿는 수많은 사람이 믿는 신도 하나의 상징이 아닐까 하는 생각이 내 뇌리를 스쳐 갔다.

사실 무신론자들에게는 신을 믿는 사람들은 산타를 믿는 아이들과 별반 다르지 않다. 존재하지도 않는 허구를 놓고 목숨을 걸고 논쟁은 물론이고 전쟁마저 불사하는 일까지 벌인다. 여하튼 우리는 모두 산타가 하나의 상징이라는 데 동의할 것이다. 문제는 산타가 무엇을 상징하는가이다. 아마도 어떤 크리스마스 정신 같은 것을 상징할 것이다. 그날 하루만이라도 자기가 가진 것을 가난한 사람들과 나누고 자신을 낮추어 어려운 사람들에게 봉사하는 정신일 것 같다. 사실 이것이야말로 우리가 예수의 탄생을 축하하는 이유일지 모른다. 이렇게 보면 산타는 상징이지만 대단한 상징임을 알 수 있다. 적어도 상징이라고 우습게 보는 일은 없을 것이다. 더 나아가서, 우리가 종교 언어란 것이 상징임을 안다면, 우리의 신앙생활과 영적 삶에는 엄청난 변화가 일어날 것이다.

종교와 인간 소외

많은 사람이 인간 소외의 가장 대표적인 삶의 영역이 의외로 종교라는 사실을 모른 채 살고 있다. 더 놀라운 사실은 이러한 전 세계적인 문명의 대세에 아랑곳하지 않고 우리나라에서는 종교가 아직도 '성업' 중이라는 사실이다. 이런 현상도 조만간 끝이 날 것이라는 징표가 여러 곳에서 나타나고 있지만, 우리 사회의 상당수가 아직도 종교에 심취해서, 아니 좀 더 심하게 표현하면 '종교의 노예'로 살고 있다. 우리는 종교가 생활의 전부가 되다시피 한 사람을 주위에서 심심치 않게 만날 수 있다. 종교를 가지고 있다는 것, 신앙심이 깊다는 것 자체를 탓할 일은 아니지만, 문제는 종교가 삶을 위해 존재하기보다는 사람이 종교의 노예가 되어 종교를 위해 살다시피 하는 데 있다. 종교가 한 사람의 이성적 사고나 비판 의식을 철저히 마비시키고 그로 하여금 정상적인 사회생활이나 문화생활을 하지 못하게 방해하고, 자유롭고 창의적인 삶을 방해하는 심각한 장애가 되고 있다.

종교에 의해 철저히 지배받고 조정을 받아 종교의 노예처럼 타율적 삶을 사는 사람은 분명히 종교에 의해 소외되고 비인간화된 사람이다. 술과 도박으로 인생을 망친 사람도 많지만, 우리 사회에는 이렇게 종교에 중독되고 종교의 노예처럼 사는 사람, 그러면서도 자기가 '신앙생활'을 잘한다고 착각하는 사람이 의외로 많다. 종교에 열심인 정도를 넘어 종교를 거의 삶의 전부로 삼다시피 하여 헌신하는 사람들이다. 인간을 가장 자유롭게 해야 할 종교가 인간을 옥죄고 억압하는 기제로 작용하며 인간을 비인간화하는 힘으로 작용하고 있는데도 아랑곳하지 않는다. 한 종교지도자의 말을 아무런 비판 없이 마치 신의 말씀처럼 여기면서 그가 시키는 대로 무조건 순종하는 사람들, 무슨 강박증에라도 걸린 듯 종교지도자의 말과 생각을 앵무새처럼 반복하고 따르는 것이 '신앙'인 양 착각하면서 사는 사람들이 우리 사회와 주변에 허다하다.

신앙은 인간의 말을 신의 말씀으로 맹종하는 것이 아니라 신의 말씀에 비추어 인간의 온갖 편견과 거짓을 식별하고 고발하는 데 있다. 경전의 말을 뜻도 모르고 앵무새처럼 외우는 것이 아니라 그 이면 혹은 그 너머로 들리는 영적 메시지를 들으려는 것이 신앙이다. 인간을 소외시키는 것이 아니라 인간을 진정으로 자유롭게 만드는 것이 종교 본연의 정신이고 영성이다. 종교의 사명은 온갖 욕망을 부추기는 세상의 소음과 각종 편견을 조장하는 인간의 언어를 돌파해서 신의 음성을 듣고 세상과 사회와 자기 자신으로부터 자유로워지는 데 있다. 이전의 삶의 방식이 바뀌고, 나아가서 사회를 변화시키고 세상을 변화시키는 데 있다. 이런 힘이 없는 종교는 더 이상 존재가치나 이유가 사라진 종교다.

현대세계가 당면한 가장 큰 문제 가운데 하나는 인간 소외다. 소외란 인간이 마주하고 있는 대상 세계의 모든 것(우리가 그 속에 살고 있는 사회, 문화, 자연계 그리고 종교 등)이 마땅히 '인간에 의한', '인간의', '인간을 위한' 것임에도 불구하고 인간적 의미를 상실하고 나와 무관하고 무의미한 물체 덩이처럼 느껴지는 사물화 현상을 가리킨다. 인간 주체와 끊임없이 교섭하고 교감하면서 살아 움직여야 할 대상이 경직된 죽은 물체처럼 되어 인간으로 하여금 소외감과 무력감, 더 나아가서는 적대감마저 느끼도록 만드는 것이다. 놀랍게도 많은 사람이 종교가 인간 소외의 주범이라는 사실을 의식하지 못하고 산다. 종교는 무조건 '좋은 것'이라고 생각하면서 정작 자기 자신은 '신앙생활'을 하고 있지 않지만, 종교란 필요한 것이고 유익한 것으로 생각한다.

하지만 놀랍게도 종교는 인간 소외에 중대한 역할을 해왔다. 이 책이 지금까지 종교에 대해 펼쳐 온 담론을 한마디로 요약한다면, 종교에 의해 인간 소외를 극복하고 방지하기 위해서는 현대인들은 이제 경직되고 사물화된 종교이해로부터 과감히 탈출해서 종교 본연의 순수한 영성의 세계를 만나야 한다는 것이다. 그리고 이를 위해 무엇보다도 중요한 것은 종교가 하나의 상징체계임을 깨닫는 데 있다는 것이다.

인간은 대상 세계에 관여하면서 창조적 삶을 살아야 마땅하지만, 그렇지 못하고 외부세계와 담을 쌓고 개인의 내면세계로 물러나 거기에 갇혀서 자유로운 존재인 인간으로서의 본성과 능력을 발휘하지 못하게 되는 소외를 겪게 된다. 대상 세계가 의미를 상실한 채 우리에게 아무 말도 건네지 않고 하나의 물체처럼 우리를 지켜보기만 한다. 의미가 없고 말이 없으니, 우리도 그냥 무관심하게 쳐다볼 뿐이다. 수많은 사람이 아직도 종교에서 무언가를 찾고 있기에 미련을 가지고 종교 주변을 맴돌고 있거나, 단지 과거 유산이고 오랜 '성스러운' 전통이기 때문에 과감히 떨쳐버리지 못하고 하나의 관습이나 습관으로 '종교생활'이라는 것을 영위하고 있다. 하지만, 종교는 현대인들의 삶을 흔들어 놓을만한 메시지를 상실하고 생동성과 역동성을 상실한 채 죽은 물체 덩어리처럼 된 지 이미 오래다. 과거의 오랜 전통이 갖는 '아우라'

로 인해 소수의 사람이 아직도 그 '권위'를 존중하면서 살고 있지만, 종교는 더 이상 대다수 현대인의 삶에 중요한 관심사가 아니다.

더 심각한 것은 종교가 사물화되고 타자화됨에 따라서 우리가 희로애락을 나누며 함께 살아가야 할 우리 주위의 사람들도 타자처럼 느껴진다는 사실이다. 마르틴 부버M. Buber는 이렇게 사물화되고 비인간화된 현대인들의 인간관계를 '나와 그대I and Thou'가 아니라 '나와 그것I and It'의 관계로 변질되었다고 진단했다. 결과적으로 현대인은 동료 인간들, 자연 세계 그리고 '신' 혹은 신성이라는 성스러운 삶의 차원으로부터 소외된 체 각자 자기 자신에 갇혀 고립된 삶을 사는 외로운 존재가 되어버렸다.

종교에 의한 인간 소외를 막으려면

종교로 인한 인간 소외를 막으려면 우선 종교라는 것이 신이 제정해준 절대적이고 성스러운 것이라는 생각을 버려야 한다. 종교도 세상의 여느 제도나 문화 현상처럼 우리 인간이 자신을 위해 만든 것이라는 사실을 깨닫는 것이 무엇보다 중요하다. 경전이 제아무리 일반인이 이해 못 할 성스러운 언어로 쓰여 있다 해도, 그것 역시 한때 누군가 우리와 같은 인간이 사용한 언어, 인간이 알아들을 수 있는 언어였다. 신이 마치 우리 인간처럼 입이 있어서 특정인에게 받아쓰기를 시켜서 생긴 것이 아니다. 아무리 신성한 경전이라도, 학자들은 그것이 언제 어디서 누구의 손에 의해 어떤 역사적 조건하에 만들어졌는지 그리고 어떤 경로를 통해서 우리에게까지 전달되게 되었는지를 소상히 밝혀주고 있다. 신앙인들도 반드시 이러한 사실을 알아야 맹목적인 경전 숭배를 벗어나 경전의 참뜻을 이해할 수 있게 된다. 경전은 결코 하늘에서 뚝 떨어진 것이 아니라, 세상 여타 사물과 마찬가지로 특정한 역사적 조건과 문화적 상황에서 만들어진 것임을 기억하자. 만약 누군가가 이러한 명백한 사실을 부정하고 무조건 믿어야 한다는 '묻지 마 신앙'을 강요한다면, 그런 사람은 일단 의심부터 하는 것이 좋다.

종교에 의한 인간 소외와 비인간화는 다른 어떤 것보다도 경전을 신처럼 절대화하거나 숭배하는 문자 주의 신앙에서 온다. 좀 더 본질적으로는 종교가 추구하는 절대적 실재 자체가 인간 소외를 조장하기 쉽다. 가령 전지전능한 창조주 하느님과 피조물의 세계를 엄격히 구별하는 유일신신앙의 경우, 인간의 지성과 이성, 건전한 상식과 판단 능력, 자유와 창의성을 오로지 전지전능한 신에게 돌리는 반면, 현세에 지상에서 우리가 누릴 행복의 권리를 내세나 천상의 세계를 위해 몽땅 양도해버리는 인간 소외를 조장하기 쉽다.

종교가 인간 소외를 조장하기 쉬운 또 하나의 이유는 세상의 여타 제도나 문물은 시간이 흘러가면서 자연스럽게 변해가지만, 종교의 이름으로 생겨난 것들은 성스러운 전통으로 간주되면서 쉽게 변하지 않고 경직화된다. 절대화되고 사물화되어 인간 소외를 야기하기 쉽다. 종교에 의한 인간 소외는 무엇보다도 종교의 불가시적인 측면보다는, 인간의 필요에 따라 만들어졌기에 인간적인 의미를 담고 있는 종교의 가시적 요소들(제도, 경전, 교리, 성직, 건물, 각종 의례나 상징물 등)을 성스럽고 신비스러운 권위를 지닌 것으로 간주하는 종교적 '우상숭배'에 기인한다.

종교적 우상숭배는 세속적 우상숭배보다 더 지독하고 위험하다. 성스러운 권위로 포장되어 있어서 쉽게 간파하기 어렵고 비판하기도 어렵기 때문이다. 예수는 이미 2000년 전에 이러한 종교의 위험성을 간파한 사람이다. "안식일이 사람을 위해 있지 인간이 안식일을 지키기 위해 있는 것이 아니다"라는 그의 선언은 실로 위대한 인간 해방의 선언이며, 종교뿐 아니라 인간이 만든 모든 제도와 권위를 해체하는 명언이다.

종교가 인간을 해방하기는커녕 인간을 부리고 지배하는 부조리를 방지하는 첩경은 종교가 그 자체의 존립에 목적이 있는 것이 아니라 초월적 세계와 실재를 가리키는 상징체계symbolic system임을 깨닫는 데 있다. 종교를 구성하는 모든 가시적 차원의 요소들은 상징이다. 상징은 그 자체에 존재 이유가 있는 것이 아니라 그것을 통해 우리가 더 높고 깊은 실재를 접하고 눈에 보이지 않는 초월적 세계에 눈을 뜨게 해 주는 데 있다. 종교가 상징을 매개로 우리에게 초월적 세계를 열어 보인다는 단순한 사실만 인식한다면, 우리는 더 이상 세속에 얽매이지 않을 뿐 아니라 종교에도 얽매이지 않는 놀라운 변화가 생긴다. 반면에 종교와 상징을 혼동하거나 동일시하는 순간 우리 삶은 종교의 종살이로 전락한다. 우리는 이 점을 다음과 같은 한 수피Sufi 영성가의 이야기를 통해 볼 수 있다.

어느 수피의 메카 순례 이야기

　이슬람의 한 수피는 말하기를 "내가 처음 카바_Kaaba_(메카에 검은 돌이 안치되어 있는 곳으로, 무슬림 순례자들이 반드시 참배해야 하는 성소)를 방문했을 때는 카바만 보고 하느님은 만나지 못했고, 그다음에 갔을 때는 카바와 더불어 하느님을 만났으며, 마지막 세 번째 방문에서는 카바는 사라지고 하느님만 만났다"라고 했다. 이 말은 이슬람뿐 아니라 모든 종교의 신앙생활과 영성의 핵심을 보여준다. 나아가서 인류 종교사의 향방도 말해주는 중대한 의미를 지닌다. 이 수피의 고백을 인간의 신앙생활 내지 영성의 세 단계를 나타내는 말로 다소 자유롭게 확대해석하면서 현대세계가 나아가야 할 영적 방향에 대해 생각해본다.

　카바 참배는 모든 무슬림들의 평생소원이자 5대 의무 가운데 하나인 메카 순례의 핵으로서, 이슬람이라는 종교의 가시적 측면을 대표하는 하나의 상징이라 해도 좋다. 하지만 그것이 꼭 카바일 필요는 없다. 쿠란_Quran_이나 라마단_Ramadan_일 수도 있고, 타 종교로 말하면 미사나 기도 혹은 인간 예수나 부처 같은 존재, 또 성경이나 불경 같은 경전일 수도 있다. 인간의 영성을 촉발하고 초월적 실재와의 만남을 매개해 주는 종교의 외적, 가시적 요소들 가운데 어떤 것이라도 좋다. 이런 구체적인 매개체 없이 종교 생활을 하는 사람은 아무도 없다. 영적 체험은 아무런 가시적 매개체도 없는 텅 빈 공간에서 주어지는 것이 아니라, 한 개인이나 집단이 특정 시대, 특정 지역에서 접하게 되는 종교의 가시적 요소들을 매개로 해서 촉발된다. 우리는 이러한 매개체들을 종교적 상징symbol이라고 부를 수 있다.

앞서 언급한 수피가 처음 카바를 방문했을 때 하느님은 만나지 못하고 카바만 보았다는 말은 그가 종교의 외양적 모습, 즉 카바라는 상징만 보았지 정작 이 상징이 매개해주는 초월적 실재, 상징이 가리키고 있는 하느님을 만나는 경험은 하지 못했다는 말이다. 선불교 식으로 말하자면, 달은 보지 못하고 달을 가리키는 손가락만 쳐다보다가 돌아온 셈이다. 사실 이것은 비단 이 수피만의 문제가 아니라 수많은 신앙인이 실제로 이러한 수준의 신앙생활에 머물고 있다. 우연히 접한 한 특정 종교의 외적 상징들을 배우고 그 종교의 가르침과 의례를 준수하는 행위를 신앙생활로 여기면서 신앙생활을 한다.

상징에 매달려 초월적 실재를 놓치다

어떤 종교든 상징들이 있다. 보이지 않는 실재와 우리를 매개해주는 보이는 것들을 상징물로 가지고 있다. 종교 전통을 구성하는 모든 요소 즉 신화, 경전, 교리, 의례, 성전이나 성상, 성인이나 성직자는 모두 우리에게 초월적 실재를 가리키고 매개해주는 상징들이다. 유감스럽게도 신앙인들은 종종 이러한 사실을 모르고 상징이 실재 자체인 줄 착각하면서 신앙생활을 한다. 다시 말해서, 상징이 상징임을 모르고 절대적 실재 자체로 오해하고 절대화한다. 우리는 이것을 상징의 고착화, 물상화, 우상화라고 부를 수 있다.

상징의 존재 이유는 어디까지나 초월적 실재·세계와의 만남을 매개해주는 것인데도 사람들은 상징 자체를 절대화해서 숭배하고 거기에 매달리면서 그것이 신앙인 양 착각한다. 종교에 의한 인간 소외는 여기서 비롯된다. 상징을 절대적인 것으로 여기고 우상화하면, 상징을 만든 사람이 상징의 노예, 전통의 노예, 종교의 노예가 되기 때문이다. 종교의 우상숭배(idolatry; idol, image의 숭배라는 뜻)가 시작되는 것이다. 이 종교적 우상숭배는 세속적 가치를 숭배하는 우상숭배 못지않게 위험하다. 그것이 우상숭배임을 모르고 오히려 신앙이라고 착각하기 때문이다.

원효 스님의 글 가운데 이런 이야기가 있다. 어떤 마술사가 마술을 부려 기가 막힌 호랑이를 연출했는데 이 호랑이가 되레 그 마술사를 잡아먹었다는 이야기다. 나는 이것이 종교를 포함해서 인간이 만든 모든 제도, 모든 이데올로기, 모든 종교의 역설적 운명이라고 생각한다. 초월적 경험을 통해 인간을 해방하기 위해 만들어진 종교가 인간을 구속하고 인간 소외를 조장하는 무서운 기재로 작용하게 되는 역리가 발생하는 것이다. 인간을 가장 자유롭게 해야 할 종교가 인간의 정신을 구속하고 억압하는 기제로 둔갑하는 것이다.

사실 종교만 그런 것이 아니라, 인간이 만든 모든 제도와 법, 세속의 법이든 종교의 율법이든 다 이런 문제를 안고 있다. 처음에는 다 필요해서 만든 것이지만, 시간이 지나면서 인간을 묶는 속박과 억압의 기제로 변한다. "안식일이 사람을 위해 있지 사람이 안식일을 위해 있는 것이 아니다"라는 예수의 말은 실로 위대한 인간 해방의 선언이었고, 종교를 포함한 제도에 몸담고 있는 사람들이 언제나 명심해야 할 진리다.

앞에서 말한 수피의 신앙과 영성도 처음에는 종교적 우상숭배의 단계를 벗어나지 못했던 것 같다. 멀고 먼 순례길을 천신만고 끝에 갔지만 정작 하느님은 만나지 못하고 카바(종교의 외적 측면: 상징, 전통)만 보고 돌아왔기 때문이다. 사실 대다수 인간의 신앙생활은 이렇게 시작한다. 자기가 태어난 집안의 전통이기 때문에, 혹은 우연히 접하게 된 종교의 외형적 모습에 이끌리거나 호기심 때문에, 혹은 누군가의 권고 때문에 그 종교에 발을 들여놓기 시작한다. 그리고는 그 종교의 전통과 상징들을 하나씩 배워나간다. 경전을 읽고 공부하거나 성직자들의 설교, 설법, 강론을 들으면서 그 종교의 전통에 대한 견문과 지식이 풍부해진다. 하지만 이 단계는 자칫 상징 자체에만 머물고 그것이 가리키는 초월적 실재는 만나지 못하는 단계가 되기 쉽다. 상징을 소중하게 여긴 나머지 거기에 빠지거나 집착하기 때문이다. 손가락만 쳐다보고 정작 달은 보지 못하는 것처럼, 성경을 읽어도 하느님의 말씀을 듣지 못하고 불경을 읽어도 부처의 마음을 깨닫지 못하고 문자에 사로잡히게 된다. 한 종교의 전통과 관습, 전례와 교리를 사랑하고 집착하는 것이 신앙이고 하느님 사랑이라고 착각하면서 열심히 신앙생활을 한다.

상징을 절대화하는 두 가지 이유

신앙인들이 상징이 상징임을 간과하고 상징을 절대화하며 거기에 매달리는 데는 두 가지 근본적인 이유가 있다. 첫째는 문자주의다. 경전이나 교리의 문자가 달을 가리키는 손가락인 줄 모르고 마치 언어와 문자가 초월적 실재나 초월적 경험을 그대로 표현하고 전달한다고 착각하기 때문에 생기는 병통이다. 상징적 성격을 지닌 종교 언어의 속성을 모르고 문자적 의미로만 이해한다. 아무리 신성한 경전이나 성인의 말씀이라 해도 언어는 일차적으로 우리가 접하는 일상적 사물과 세계에 관련된 것이며 거기서 유래한다. 따라서 우리가 사용하는 말이나 개념들은 무한한 실재나 초월적 세계를 나타내기에는 턱없이 부족하다.

그리스도교 신학이 하느님에 대해 많은 이야기를 하지만 동시에 어떤 개념도 부당하다고 여겨 모두 부정해 버리는 부정신학과 부정의 길을 통해서 하느님의 불가언적 신비를 드러내고자 하는 것도 이와 같은 이유에서다. 노자 도덕경의 유명한 첫 구절, "말로 할 수 있는 도는 늘 그러한 도가 아니며, 이름할 수 있는 이름은 늘 그러한 이름이 아니다"(道可道 非常道, 名可名 非常名)라는 말도 부정적 방법에 속하며 불교가 무아無我, 무념, 무언, 무심 등의 말을 즐겨 사용하는 것도 같은 이유 때문이다.

하지만 문자문화에 익숙하고 과학적 사고와 사실 언어에 길든 현대인들은 오히려 옛날 사람들보다도 종교적 상상력이 부족하고 문자를 상징이 아니라 사실적 묘사로 간주하기 쉽다. 오늘날 세계 각지에서 발호하고 있는 이른바 근본주의fundamentalism는 바로 이러한 문자주의적인 시각에 사로잡혀서 경전의 문자적 의미에 집착하고 마치 그것이 하느님의 말처럼 절대시하고 숭상한다. 이런 점에서 근본주의란 놀랍게도 고대나 중세보다는 오히려 현대적 산물임을 기억할 필요가 있다.

종교의 자유가 보편화되고 과학적 지식과 각종 자유주의 사상이 만연하고 있는 현대세계와 근본주의는 얼핏 양립할 수 없을 것처럼 보이지만, 실은 근본주의 신앙은 문자주의적인 사고에 젖은 현대인들이 만들어낸 경직된 사고의 산물이다. 문자문화가 보편화되지 않았고 문자 이외의 다양한 언어, 예를 들어 각종 의례나 전례, 조각이나 건축, 음악, 무용, 축제, 연극, 순례 등을 통해 초월의 세계를 접했던 고대나 중세 사람들에게는 오히려 근본주의 신앙의 유혹이 현대인들보다 훨씬 적었다는 사실을 기억할 필요가 있다.

신앙인들이 상징 자체에 매달리게 되는 둘째 이유는 한 종교의 교리가 상징의 상징성을 거부하게 만드는 데 있다. 성과 속, 절대와 상대, 무한과 유한, 하느님과 인간을 매개해주는 전통, 즉 상징체계의 어떤 부분을 종교의 교리 자체가 절대화하고 초월적 실재 자체와 동일시함으로써 상징의 상징성을 간과하거나 무시하는 경우다. 이는 주로 계시종교, 즉 상징들이 인간의 생각이 아니고 하느님 자신의 계시에 의한 것이라고 믿는 유일신신앙의 종교에서 문제가 된다. 특히 그리스교의 경우는 예수의 신격화, 이슬람의 경우는 쿠란의 절대화가 대표적이다. 사람들에게 하느님의 초월적 사랑을 리얼하게 보여주고 매개해주었던 갈릴리 청년 예수가 교회의 정통 교리를 통해 절대화되어 하느님 자신과 동등한 지위를 점하게 된 것이다. 그런가 하면, 엄격한 유일신신앙에 입각해서 그리스도교의 예수 숭배와 삼위일체 교리를 비판하던 이슬람 역시 쿠란의 영원성을 교리로 정함으로써 또 하나의 '우상숭배'를 범했다. 그리스도교 근본주의자들도 무슬림들 못지않게 성경의 문자적 진리를 강조하면서 성경 숭배에 빠졌다. 이 모든 일은 예수나 무함마드의 생각과는 무관하게 진행된 일이다.

상대적인 것을 절대화할 위험성은 그리스도교나 이슬람뿐 아니라 모든 종교에 다 존재한다. 절대적 실재, 성스러움을 매개해주는 상징 자체가 어느 정도 신성성을 지니게 되는 것은 자연스러운 현상이지만, 상징이 절대화되고 숭배의 대상으로 변하는 순간 오히려 상징의 존재 이유는 사라지며, 그러한 상징에 집착하는 종교는 결국 우상숭배와 함께 독선적이고 배타적으로 될 수밖에 없다.

부처님의 설법에 유명한 뗏목의 비유가 있다. 어떤 사람이 뗏목을 타고 강을 건넌 후에 그 뗏목이 아주 좋았다고 생각해서 짊어지고 다니는 우를 범하면 되겠냐는 설법이다. 부처님의 말씀도 일단 유용하게 사용하고 나면 미련 없이 버리고 떠나라는 말이다. 그래서『금강경』에 보면, 부처님께서 많은 설법을 하시고도 실은 한마디도 하지 않았다고 모두 취소하고 흔적을 지워버린다.

하느님을 만나는 길

어떤 종교든 전통의 권위가 신의 권위와 혼동이 되고 상징과 실재가 동일시되는 매우 위험한 일이 벌어진다. 종교에서 전통의 절대화는 최대의 유혹이고 위험이다. 종교의 우상숭배는 세속적 우상숭배를 능가하는 해악을 끼칠 수 있기 때문이다. 수피 영성가는 두 번째 카바 방문에서 이런 위험을 극복했다고 한다. 영성의 다음 차원으로 올라간 것이다. 상징 고착화와 절대화의 덫에서 벗어나 카바도 보고 하느님도 만날 수 있었다는 것이다. 더 정확히 말해, 그는 카바를 '통해' 하느님을 만나는 초월의 경험을 했다. 이것은 종교 생활에서 지극히 정상적인 일이며, 종교라면 당연히 그래야 한다.

초월을 매개해주는 상징 없이 영적 생활을 시작하는 사람은 없고 또 계속할 수 있는 사람도 없다. 사람들은 모두 이미 주어져 있는 특정 종교의 언어와 상징체계 속에서 그것들을 매개로 하여 초월의 경험을 한다. 그리스도인들의 경우는 하느님의 아들이자 말씀인 예수 그리스도를 통해 하느님을 만나는 경험을 하게 되며, 무슬림들은 쿠란을 통해, 불자들은 부처님의 말씀인 경전들을 통해 부처님의 마음을 경험한다.

문제는 상징을 통해 하느님을 만나는 것이 신앙생활의 당연한 일임에도 불구하고 수많은 신자가 자기 종교의 상징적 전통을 절대화하고 고착화해 바로 그 전통의 노예가 되고 비인간화되는 역리가 발생한다는 데 있다. 상징이 상징임을 간과하기 때문이다. 그런가 하면 수

많은 현대인은 자기가 속한 종교의 경직되고 편협한 상징체계에 질리고 질식되어 아예 탈출해 버리고자 한다. 전통적 상징체계에서 아무런 의미를 발견하지 못해서 신앙생활에 냉담해지거나 회의를 느끼다 못해 아예 그 종교를 떠나버리기도 한다. 또 어떤 사람은 종교 대용물에서 삶의 의미를 찾거나 종교와 철저히 담을 쌓는 세속주의자가 되어버린다. 탈종교 시대인 현대세계에서 모든 종교가 공통으로 겪는 위기다. 그럴수록 전통을 절대화하고 고수하려는 보수주의, 근본주의, 광신주의는 더욱 기승을 부린다.

이런 상황을 벗어나는 길은 세속주의도 아니고 근본주의나 경직된 전통주의도 아닌 제3의 길이다. 상징을 상징으로 알아 상징의 고착화를 피하고 낡은 상징적 언어는 현대인들이 알아들을 수 있는 언어로 과감하게 재해석하거나 바꾸는 작업을 하는 길이다. 이것이 각 종교의 현대주의자modernist들이 하는 일이다. 그리스도교의 경우, 슐라이어마허F. Schleiermacher라는 걸출한 신학자 이후 현대 개신교 신학이 줄곧 추구해 온 길이며, 이를 통해 수많은 현대 지성인들이 그리스도교 신앙을 유지할 수 있었다.

가톨릭도 1960년대 초에 개최된 제2차 바티칸공의회를 통해 신학의 문을 과감히 열어 현대의 시대정신과 대화하는 길을 선택했다. 현대 이슬람이 처한 위기의 본질 가운데 하나는 바로 이러한 '이슬람적 현대주의' 내지 '현대주의적 이슬람'의 세력이 매우 약하다는 데 있다.

상징에서 해방될 때

탈종교 시대의 영성은 이러한 현대주의자들의 선택 이상을 요구하고 있다. 현대주의자들은 아직도 한 종교에만 머무는 신앙에 만족하기 때문이다. 탈종교 시대의 영성은 현대화 작업보다 더 과격한 선택을 요구한다. 나는 이것을 수피 영성가가 제시하고 있는 세 번째 단계의 영성에서 찾고자 한다. 즉 카바는 사라지고 하느님만 남는 영성의 단계다. 상징에 대한 집착이 사라지고 하느님만 남게 되면, 지금까지와는 전혀 다른 새로운 차원의 영적 세계가 열린다. 우리는 이 새로운 차원의 영성을 두 가지로 생각해 볼 수 있다.

첫째, 상징이 상징임을 아는 사람에게는 자기 종교의 상징뿐 아니라 타 종교, 이웃 종교의 상징에도 마음의 문을 열 수 있게 된다. 사실, 우리가 문자주의 신앙 이해에 머무는 한, 진리는 오직 자기 종교 외에는 있을 수 없고 배타주의는 당연하다. 문자로 이해한 종교는 교리와 사상이 다를 수밖에 없고, 모든 종교가 다 옳을 수는 없기 때문이다. 하지만 일단 상징을 통해 하느님을 만나 상징으로부터 자유로워지면 지금까지 특정 종교의 상징체계를 통해서 하던 영적 생활에서 벗어난다. 그리고 나면 자유롭게 타 종교의 상징도 접하고 배우면서 영적 생활을 할 수 있게 되는 개방적이고 풍요로운 종교 다원적 영성의 세계가 열린다. 자기 종교의 언어와 전통을 주로 배우고 사용하되, 다른 종교의 상징도 자유롭게 섭렵하면서 영적 자양분을 흡수하는 영성의 세계가 열리는 것이다.

그뿐 아니라, 종교적 상징에서 해방된 사람은 종교 다원적 영성마저 초월하여 모든 사물, 모든 경험이 종교적 경험이 되는 영성의 세계를 맛보게 된다. 종교와 비 종교, 성과 속, 진과 속, 세간과 출세간, 하느님과 세상, 자연과 초자연의 이원적 대립을 초월하는 문자 그대로 '초종교적 영성'의 세계가 열린다. 더 이상 특별히 '종교적' 상징에만 머무를 필요가 없기 때문이다. 종교적 상징만 초월을 매개해주는 것이 아니라 세상의 사물과 다양한 경험도 깨달음과 지혜를 얻는 계기가 되고 하느님을 만나는 상징과 매개체가 된다.

종교와 비종교의 경계가 무너지면 우리는 언제 어디서나 하느님을 만나고 부처를 볼 수 있다. 존재하는 모든 것이 초월의 상징이 되고 세상의 시끄러운 언어가 모두 초월의 통로가 될 수 있다. 하느님 자신 혹은 절대적 실재 자체에는 종교와 비종교, 성과 속, 진과 속의 이원적 구별이 있을 리 만무하기 때문이다. 하느님은 종교가 필요 없다. 하느님은 그리스도교 신자도 아니고 불교 신자도 아니다.

우리는 이것을 '종교 아닌 종교'의 세계라고 부를 수 있다. 세속을 떠나서 하느님을 만날 뿐 아니라 세속 속에서 하느님을 만나는 진속불이의 경지이다. 아니, 하느님마저 떠나는 '하느님 너머의 하느님'을 만나게 된다. "나는 하느님으로부터 자유롭게 해달라고 하느님께 기도한다"라는 에크하르트의 대담한 발언은 이러한 경지를 두고 하는 말이다. 그는 또 "누가 나더러 왜 사느냐 묻거든 그냥 살기 위해 산다고 대답하겠다"라고 했다. 선불교에서 말하는 대로, 그야말로 평상심이 도가 되는 경지다. 굳이 종교적 상징만 하느님을 만나는 통로가 되는 것이 아니라 만물이 하느님을 만나게 하는 상징이 되고, 하느님의 빛, 부처님의 광명으로 빛나는 세계가 열린다. 나고 죽는 것, 먹고 자는 일, 존재하고 사랑하는 순간 하나하나 그리고 참되고 의롭고 아름다운 것을 사랑하고 추구하는 삶 자체가 영적 삶이다. 그렇게 되면 종교는 더 이상 필요 없을 것이다.

나는 이러한 두 가지 의미의 초종교적 영성, 즉 종교와 종교 사이의 경계를 자유롭게 넘나드는 다종교적·종교다원적 영성 그리고 종교와 비 종교, 성과 속, 진과 속이 하나가 되는 초종교적 영성이 인간 정신이 도달하고 구현할 수 있는 최고의 영적 세계라고 믿는다. 그리고 이러한 초종교적 영성이야말로 탈종교 시대를 사는 현대인이 추구해야 할 영성이라고 생각한다.

찾 아 보 기

길희성 "종교와 영성 연구" 전집 목록

1. 종교10강
2. 종교에서 영성으로

〈출간 예정 목록〉

3. 아직도 교회 다니십니까
4. 지눌의 선사상
5. 마이스터 엑카르트의 영성사상
6. 일본의 정토사상: 신란의 타력신앙을 중심으로 하여
7. 보살 예수
8. 인도철학사
9. 신앙과 이성 사이에서
10. 포스트모던 사회와 열린 종교
11. 인문학의 길: 소외를 넘어
12. 영적 휴머니즘
13. 길희성 교수의 불교학 논문집
14. 길희성 교수의 영문 종교학 논문집
15. *Chinul, the Founder of Korean Buddhism*
16. *Meister Eckhart: An Asian Perspective*
17. *Understanding Shinran*
18. 번역서: 바가바드기타
19. 번역서: 성스러움의 의미
20. 번역서: 종교의 의미와 목적
21. 공역: 종교현상학(손봉호)
22. 공저: 일본의 종교문화와 비판불교

길희성 "종교와 영성 연구" 전집 2

종교에서 영성으로 — 탈종교 시대의 열린 종교 이야기

2018년 10월 29일 개정판 1쇄 발행
2021년   2월 22일 제2개정판 1쇄 발행

지은이 | 길희성
펴낸이 | 김영호
편   집 | 김구 박연숙 전영수 정인영 김율 디자인 | 황경실
펴낸곳 | 도서출판 동연
등   록 | 제1-1383호(1992. 6. 12)
주   소 | 서울시 마포구 월드컵로 163-3
전   화 | (02)335-2630
전   송 | (02)335-2640
이메일 | yh4321@gmail.com
블로그 | https://blog.naver.com/dong-yeon-press

ISBN 978-89-6447-702-1 04200
ISBN 978-89-6447-700-7 04200(전집)